이 영 애 의  만 찬

한식 문화로 본 우리의 아름다운 음식 이야기

한식 다큐멘터리를 시작하기까지

스물한 살에 데뷔해 이십 년을 줄곧 일만 생각하며 살아온 내게 가족이 생겼다. 그리고 남들보다 늦게, 그것도 두 아이의 엄마가 됐다. 주부가 되고 엄마가 된 후 참 많은 것이 달라졌다. 예전엔 내 몸 하나 간수하면 그뿐이었는데, 언제부턴가 나보다는 남편과 두 아이를 먼저 생각하게 된 것이다. 익숙한 서울 생활을 접고 경기도 양평의 문호리로 이사를 온 것도 아이들 때문이다. 새소리와 함께 눈을 뜨고 온갖 풀벌레들을 친구 삼아 뛰어놀고, 돌멩이를 접시 삼아 들꽃과 잡초로 밥을 짓는, 그런 어린 시절은 도시에서 자란 내게 일종의 로망 같은 것이었다. 자라서도 어린 시절을 추억할 수 있는 고향을 쌍둥이에게 선물하고 싶다는 것은 나의 오랜 꿈이기도 했다. 나는 두 아이를 낳은 후 그 꿈을 실행에 옮겼다. 아이들이 맘껏 뛰어놀 수 있도록 나무 한 그루 없는 정원을 설계했고, 넘어져도 다치지 않도록 가구 대신 뽀로로 매트를 여섯 개나 깔아놓았다. 처음 우리 집에 방문한 사람들은 두 번 놀란다. 허허벌판에 잔디만 깔린 넓은 정원에 놀라고, 안채에 들어와서는 가구 하나 없는 텅 빈 공간에 놀란다. 우리 집에 있는 유일한 가구가 주방 곁에 있는 식탁과 서재에 놓인 책상이다. 어느새 두 아이는 내 삶의 중심이요, 내 삶의 대부분이 되었다.

문호리로 이사 온 지 어느새 2년이 다 되어간다. 아이들은 어제가 다르고, 오늘이 또 다른 것 같다. 며칠 전에 옹알이를 하는가 싶더니 오늘은 말을 하고, 이제 겨우 일어선다 싶더니 어느새 뜀박질을 한다. 모든 엄마가 그러하겠지만 두 아이가 커가는 모습을 한 순간도 놓치고 싶지 않은 욕심이 든다. 그렇게 차일피일 들어오는 작품을 고사하다 보니 어느새 9년이라는 공백이 생겨버렸다. 그렇다고 연기에 대한 미련이 없는 것은 아니다. 요즘 개봉되는 한국영화를 볼 때마다, 그리고 그 영화 속에 등장하는 배우들을 볼 때마다 마음 깊숙이 잠자고 있던 연기에 대한 욕망이 솟구치곤 한다. 그러나 일단 작품에 들어가면 온통 그 인물에 빠져 사는 성격인지라 연기를 하면서 두 아이의 엄마노릇을 할 자신도 없었고, 무엇보다 일주일에 4~5일씩 집을 비워야 한다는 사실도 맘에 걸렸다. 쌍둥이의 나이가 네 살, 한참 엄마 품을 찾을 나이 아닌가? 하루에도 수십 번씩 연기 욕심과 모성이 시소처럼 오르락내리락 한다.

그러던 차에 다큐멘터리 제안을 받았다. 처음엔 다큐멘터리라는 생소한 장르가 어색하기도 하고, 배우가 연기가 아닌 다큐멘터리를 한다는 것이 부담스러워 고사도 했다. 그런데 작가가 몇 번씩 문호리 집을 찾아와 배우 이영애가 왜 다큐멘터리를 해야 하는지를, 또 어떤 다큐멘터리인지를 설명해가며, 내 마음을 흔들어놓기 시작했다.

작가가 두고 간 기획안을 읽다 보니 이런저런 생각이 많아졌다. 〈대장금〉을 하면서 궁중음식도 접해봤고 비빔밥 홍보대사로 재능기부도 해왔지만 '정작 우리 음식에 대해 내가 알고 있는 사실이 별로 없었구나', '우리 아이들에게 우리 음식에 담긴 이야기들을 들려줄 수 있다면 좋지 않을까?' 하는 생각이 들었다. 아이들을 위해 밥상을 차리다 보니 아이들 먹는 것 하나하나가 신경이 쓰이고, 한창 좋아하는 음식과 싫어하는 음식이 갈리기 시작하면서 음식에 대한 고민이 많아지던 차였다. 때마침 찾아온 다큐멘터리 출연 제안에 두 달을 고심했다.

결국 다큐멘터리의 제안을 받아들인 것은 순전히 엄마로서의 욕심 때문이었다. 아이들이 좀 더 자랐을 때 함께 보면서 이야기를 나눌 수 있는 '한국음식에 관한 기록'이 하나 정도 있는 것도 나쁘지 않겠구나. 이 또한 아이들을 위해 내가 할 수 있는 의미 있는 일이 아닐까? 그렇게 〈이영애의 만찬〉에 참여하게 됐다.

# 목차

우리 음식에 담긴 소통의 철학

# 한국의 맛, 이천 년의 기억

# 소통과 화합의 만찬

# 우리 음식에 담긴 소통의 철학

# 제 一 장

## 조선왕조 오백 년, 밥상 위의 비밀

# 화려한 조선시대의 식문화를 찾아 떠나다

해마다 길어지는 겨울과 여름, 그래서 그 사이에 찾아오는 봄은 더 짧게 느껴진다. 햇살이 내려앉은 가지가지마다 색색으로 몸단장을 한 문호리의 봄은 늘 짧아서 아쉽다. 그렇게 지나가는 봄을 아쉬워하던 5월의 어느 오후, 손님들이 찾아왔다. 〈이영애의 만찬〉을 진행하는 작가와 피디였다. 작가와 피디의 손에 들려있는 건 이십 여 권의 책과 자료들, 그리고 수십여 편에 달하는 논문들이었다. 책은 물론 여기저기에서 뒤져온 자료들은 양도 양이지만 단어 하나, 문장 한 줄조차 읽어내기가 쉽지 않았다. 자료를 건네받은 순간, 아차 싶었다. 이어 하는 말이 우리 음식 속에 담겨진 철학을 찾는데 도움이 될 거라며 촬영을 시작하기 전까지 이 자료를 모두 읽어두란다. 서재 위에 쌓인 책과 자료들을 보며 순간 심장이 요동치기 시작했다. 게다가 다큐멘터리 촬영이 끝나갈 무렵, 그건 곧 한식에 대한 나의 공부가 어느 정도 무르익었을 때를 의미하는 듯한데, 연말 쯤 직접 '이영애의 만찬'을 주관하고 한식 속에 담겨진 의미를 그 만찬에서 풀어 내달라 요구한다. 이십년 배우 생활을 하며 남이 차려준 밥상을 받아 내 것으로 잘 씹어 소화시키면 그뿐이었는데, 이제는 내가 직접 재료를 구하고 손질을 해서 밥상을 차려내야 한다니 다큐멘터리를 너무 만만히 봤나 하는 생각에 후회가 밀려들었다. 하지만 이제와서 그만두자고 말하자니 그건 너무 비겁한 일 아닌가? 며칠 동안을 그네 줄처럼 마음이 오락가락했다. 그 마음을 다잡고 제작진이 권해준 책을 한 권 한 권 읽어나가기 시작했다. 그렇게 나는 우리 음식에 담긴 오래된 이야기들과 처음 만났다. 그런데 책장을 넘길 때마다 내 눈 앞에 조선시대의 기이하고도 신기한 음식들이 봇물처럼 쏟아져 내리는 것이 아닌가.

# 조선시대의 탐식가들

　"서울의 여러 재상들이 북촌에 모여 연회를 벌였는데, 그 중 남촌의 한 재상집에서 차린 것이 대단히 풍성하고 화려하여 모두가 제일로 추켜세우더라. 뒤늦게 동촌의 재상집에서 계집종이 작은 합 하나를 들고 왔는데, 그 합 안에 든 것이 약밥에 대추 열 개가 전부였다. 동촌의 재상은 그 합을 받아들더니 대추 열 개 중 일곱 개를 먹고 나서 조심스럽게 합을 봉하여 계집종에게 돌려보내니, 남촌 재상집의 사람이 이를 괴이히 여겨 동촌집의 계집종을 쫓아가 "이것이 무엇인고?" 하고 물으니 계집종이 대답하길 "정갈히 씻은 대추는 씨와 속을 파낸 후 살포시 쪄두고, 평안도 강계에서 난 산삼과 대추살, 그리고 소고기를 곱게 다진 후, 쪄낸 대추에 속을 채워 넣고 양 끝을 잣으로 박아 봉하였소. 이러하매 이 대추 열 개 값이 이만 전이오." 이 어찌 놀라지 않을 수 있겠는가? 이를 전해들은 여러 재상들은 감히 자신의 찬을 품격으로 치지 못하더라."

　조선후기 문인 이옥(李鈺, 1760~1815)의 전집에 등장하는 대목이다. 그 작은 대추 한 톨 속에 산삼과 소고기, 그리고 대추의 속살이 한 데 있으니, 이들이 어우러져 씹히는 맛이란 어떨까? 상상만 해도 혀끝을 감싸는 호사로움이 느껴진다. 대추 열 개에 이만 전이라는데 자료를 찾아보니 당시 이만 전이면 기와집 한 채를 살 정도로 엄청난 액수였단다. 한 끼 간식거리로 집 한 채를 한 입에 꿀꺽 삼켜버리는 꼴이다. 한마디로 통 큰 양반들이다. 조선후기의 음식문화를 기록한 책들 속에는 이렇게 호사스런 음식을 즐기던 양반가들의 일화들이 곳곳에서 등장한다.

〈홍길동전 洪吉童傳〉의 저자로만 알았던 허균(許筠, 1569~1618)이 국내 최초의 음식 품평서를 쓴 인물이라는 사실도 이번에 처음 알았다. 조선 최고의 식도락가였던 허균은 전국 팔도를 돌며 산해진미를 찾아다녔다고 한다. 그리고 그가 맛본 음식들을 기록한 것이 〈도문대작 屠門大嚼〉이라는 책이다. 〈도문대작〉에 등장하는 음식들은 요즘 〈맛있는 TV〉나 〈잘 먹고 잘사는 법〉에 소개되는 맛집의 별미 음식들과는 차원이 다르다. 화양과 의주, 희천의 별미로 '웅장(곰발바닥요리)'을, 양양의 별미로 '표태(표범의 내장요리)'를 꼽았으며, 당시 양반들 사이에서 유행했던 '녹설(사슴의 혀)'과 '녹미(사슴의 꼬리)'는 각각 화양 사람들이 요리한 것과 부안 사람들이 요리한 것이 제일이라 꼽았다. 〈도문대작〉에 등장하는 음식들만 살펴봐도 음식에 대한 그 양반의 애착이 어느 정도였는지 짐작이 된다. 허균은 유배지에서 소일거리삼아 〈도문대작〉이라는 책을 저술했다고 한다. 당대 최고의 식도락가였던 그에게 유배지에서 받는 밥상은 얼마나 초라해 보였을까?

문득 쌍둥이를 낳고 다이어트에 돌입했을 때가 떠오른다. 평소 즐겨 찾지 않던 음식까지도 환시처럼 눈앞에 어른거렸던 기억. 아마 허균 그 어른도 나와 비슷하지 않았을까 싶다. 유배지의 보잘것없는 밥상 앞에 앉아 예전에 맛보았던 전국팔도의 진미들을 회상하면서, 무릉도원을 꿈꾸는 심정으로 그간 맛본 온갖 음식들을 오매불망 그리워하며 〈도문대작〉을 써내려 갔을 듯하다. 곰발바닥은 중국 황제나 먹던 음식인 줄 알았는데, 〈도문대작〉은 물론 조선시대 음식 조리서인 〈음식디미방 飮食知味方〉에도 그 조리법이 등장하는 걸보니, 당시에는 곰이 천연기념물이 아니라 사냥감이요, 별미음식 중의 하나였나 보다. 그래, 곰발바닥은 그렇다 치자. 그런데 무시무시한 표범의 내장은 어디서 구한 걸까? 과연

그 작은 대추 한 톨 속에 산삼과 소고기, 그리고 대추의 속살이 한데 있으니. 이들이 어우러져 씹히는 맛이란 어떨까?

한반도에 표범이라는 동물이 살긴 살았던 것일까? 뿐만 아니라 보기만 해도 사랑스런 사슴의 혀와 꼬리를 최고의 맛으로 쳤다 하니, 요즘 세상의 눈으로 보면 참으로 무자비한 양반들이다. 그런 식성을 가진 이는 허균만이 아니다. 조선후기의 문신(文臣)인 성대중(成大中, 1732~1812)이 쓴 〈청성잡기 淸城雜記〉에는 인조반정을 성공시키고 당대 최고의 권세를 누렸던 김자점(金自點, 1588~1651)이 즐겨 먹던 음식으로 갓 부화한 병아리와 사람의 형상을 한 만두를 꼽고 있다. 이 분 역시 허균 선생 못지않게 취향이 참으로 기이하신 분이다.

　권력자들의 탐식은 비단 조선시대만의 이야기가 아니다. 동서고금을 막론하고 밥상 위에 어떤 음식이 오르느냐가 힘 있는 자와 힘 없는 자를 구분하는 잣대가 되었다고 한다. 프랑스 왕실에서는 손님을 불러 식사를 할 때 화려한 그릇에 소금을 수북이 담아 식탁 한가운데 놓았다는 기록도 있다. 왕실의 권위를 세우는 상징물로 소금을 사용했던 이유는 당시 소금이 금만큼이나 비싸고 귀한 것이었기 때문이었다. 지금이야 싸고도 흔한 것이 소금이지만, 불과 500년 전까지만 해도 소금은 물론 설탕이나 후추, 생강, 육두구(肉荳蔲, 향신료로 영어로는 넛맥 nutmeg) 역시 유럽의 왕실이나 귀족들만이 맛볼 수 있는 귀한 식재료였던 것이다. 지금이야 차고도 넘치는 게 음식이라 음식의 귀함을 모르는 세상에 살고 있지만 예전에는 무엇을 먹고, 또 무엇을 마시느냐가 바로 그 사람의 지위를 상징했던 것이다.

　〈대장금〉을 촬영할 당시 까다로운 명나라 사신의 마음을 사로잡기 위해 '만한전석(滿漢全席)'을 만드는 장면이 있었다. 드라마를 통해 만한전석이 소개된 후 세간에서 화제를 불러일으켰다. 그런데 방송이 나간 후 예리한 시청자들이 만한

전석은 청나라 때 생겨난 음식인데 명나라 사신에게 내놓은 것은 옥에 티라는 지적을 해왔다. 덕분에 나는 만한전석의 탄생 비결을 접할 수 있게 되었다. 청나라 초기까지만 해도 만주족의 음식으로 차린 연회를 만석(滿席)이라 부르고, 한족의 음식으로 차린 연회를 한석(漢席)이라고 구분지어 불렀다. 그런데 청나라 건륭제가 자신의 회갑잔치에 65세가 넘은 노인 2천 8백여 명을 초청하여 성대한 잔치를 벌였고, 이 연회에 만주족과 한족의 궁중요리를 총 망라한 음식을 선보였다. 이것이 곧 오늘날의 만한전석이 된 것이다.

예전에 중국을 방문했을 때, 〈대장금〉에서 선보였던 만한전석의 실체가 궁금해 현지 스태프들에게 물어본 적이 있다. 만한전석을 맛볼 수 있지 않을까 하는 기대감도 잠시, 가격을 듣는 순간 만한전석에 대한 미련이 눈 녹듯이 사라졌다. 제대로 된 만한전석을 맛보려면 한 상에 우리 돈으로 무려 3백만 원을 지불해야 한단다. 도대체 어떤 요리가 나오기에 한 끼에 3백만 원을 지불해야 하는 걸까? 정식 만한전석은 하루에 2차례씩 사흘간 계속되고, 무려 180가지가 넘는 요리가 오른다고 한다. 그 다양한 종류에서 먼저 입이 벌어지고 음식에 쓰인 재료를 듣는 순간 또 한 번 입이 딱 벌어진다. 붉은 제비, 제비집, 상어 지느러미, 물고기 부레, 곰발바닥에 원숭이 골까지 사용되었다고 하니, 조선시대 양반들이 먹던 녹미나 웅장, 소골에 비할 바가 아니다. 하긴 중국에는 별의 별 음식들이 다 있긴 하다. 청나라 최고의 식도락가로 알려진 서태후가 가장 즐겨 먹었다는 음식은 모기 눈알 스프란다. 그 얘길 접한 후부터 여름 내내 모기만 눈에 띄면 고 녀석을 유심히 쳐다보게 되었다. 눈알이라는 게 도대체 어디에 붙어있나 궁금하기도 했고, 저 작은 눈알을 얼마나 모아야 스프 한 그릇이 나올까 싶었다. 서태후에게

동서고금을 막론하고 밥상 위에 어떤 음식이 오르느냐가 힘 있는 자와 힘 없는 자를 구분하는 잣대가 되었다.

매일 모기 눈알 스프를 바치기 위해 모기를 현상수배 하듯 잡으러 다녔을 궁인들의 모습, 그리고 그 덕분에 청나라 황실 사람들은 여름철에도 모기의 기승에 시달리지 않아도 되었겠구나 하는 터무니없는 상상력이 꼬리에 꼬리를 문다.

잭 구디(Jack Goody)의 〈역사인류학 강의 Food and Love: A Cultural History of East and West〉라는 책에는 이런 구절이 있다. "계급 차이가 발달한 문화에서 상층계급은 하층계급과 다른 희귀한 재료와 조리법으로 자신들의 고급 음식문화를 만들어갔다." 다양한 재료를 선택하고 조리방법을 개발해내면서 음식에 새로운 가치를 부여해왔고, 그런 권력자들의 음식이 있었기에 우리의 밥상이 보다 풍요로워졌다는 것이다.

나날이 쌓여가는 책상위의 책과 자료들, 그 속에 등장하는 동서양 권력자들의 음식을 음미하고 있노라니 문득 이런 생각이 뇌리를 스친다. "조선 임금의 음식은 어떠했을까?" 10년 전 〈대장금〉 촬영을 앞두고 한복려 선생님께 궁중음식을 배웠더랬다. 지금도 그때 배웠던 몇몇 음식들에 대한 기억이 있다. 신선로, 전복찜, 연저육찜(어린 돼지고기를 사용한 찜), 규아상(오이, 표고버섯, 소고기 등을 소로 넣어 빚은 만두) 뭐 이런 음식들이었다. 그리고 드라마를 촬영하는 동안에도 궁중의 여러 음식들을 접했는데, 특별하다 여겼던 것은 고래 고기를 저며 만든 산적 정도였다. 이제 와서 드는 생각이지만 조선시대 양반가에서도 표범의 내장요리인 표태나 곰발바닥 요리인 웅장 같은 희귀한 음식들을 맛보았다면, 만인지상(萬人之上)의 존재인 조선 임금의 밥상은 얼마나 휘황찬란했을까? 내가 〈대장금〉을 통해 알고 있는 임금의 밥상보다 훨씬 더 화려했던 음식들이 있지 않았을까? 이러한 궁금증이 더해가자 그 답을 얻기 위해 나는 10년 만에 옛 스승인 한복려 선생님을 찾아갔다.

# 조선시대 왕의 밥상

10년 만에 다시 찾은 북촌. 고층빌딩 너머 잿빛 파도처럼 이어진 기와집의 행렬은 도시의 번잡함을 잠시 잊게 해준다. 〈대장금〉 출연이 확정된 후 보름 동안 제 집처럼 드나들던 좁다란 북촌의 골목길. 시간마저도 멎어버린 듯한 북촌에 들어서니 10년 세월이 춘몽처럼 아득히 느껴진다. 창덕궁과 담을 맞대고 있는 '궁중음식연구원'. 처마 끝의 풍경도 10년 전과 다를 바 없다. 바람결에 흔들리듯 들려오는 풍경소리에 나도 모르게 눈시울이 붉어진다. 정확한 연유는 모르겠으나 아마도 〈대장금〉과의 첫 인연을 열어준 곳이 바로 이 문이었기 때문이리라. 조리로 쌀을 일어 밥을 짓는 법부터 무쇠칼질은 물론 채소를 삶고, 데치고, 볶고, 조리하는데 기본이 되는 것들은 모두 여기서 배웠다. 그러니 이 문을 들고 나면서 장금이가 태어난 것이나 다름없다.

때마침 마루에서 차를 드시던 한복려 선생님께서 나를 발견하고는 뛰어나오신다. "이게 얼마만이냐"고 두 손을 꼭 잡으시며, 폐백과 이바지 음식을 못해준 데 대한 미안함과 서운함을 표하신다. 그제야 나는 다시 2013년 여름으로 되돌아왔다. 10년 만에 한복려 선생님과의 두 번째 수업이 시작됐다. 10년 전에는 칼을 쓰고 음식을 주무르는 손놀림과 음식을 대하는 마음가짐을 배웠다면, 이번 수업은 조선 임금의 밥상에 담긴 의미를 찾아가는 수업이다.

나에게 〈대장금〉이라는 첫 문을 열어준 곳. 바람결에 흔들리듯 들려오는 풍경소리에 나도 모르게 눈시울이 붉어진다.

수라상에 오르는 찬기들은 계절에 따라 달랐다.
추운 계절인 추석부터 다음 단오까지는 은기나 유기를 사용했고, 더운 계절인 단오부터 추석까지는
사기그릇, 즉 백자를 주로 사용했으며, 수저로는 은수저가 쓰였다.
음식에 독이 들어있는지의 유무를 은수저로 판단하기 위해서였다.

장은 우리음식의 기본이 되는 조미료이기에,
한국 음식의 맛이 장맛으로 결정된다고 해도 과언이 아니다.
조선시대 궁중에서는 '장꼬방'을 설치하여 장고마마가 철저히 장을 관리하였는데,
음식에 따라 쓰이는 장의 종류도 천차만별이었다.
그 중 대표적인 장류를 몇 가지만 언급하면, 다음과 같다.

### 궁중장의 종류
궁중된장/간장(청장) : 정월에 장을 담아 1년에서 3년 동안 숙성시킨 장.
꽃장 : 정월에 장을 담아 10년 이상 숙성된 진한 간장.
진장 : 매년 6월경에 검은콩으로 담은 장으로 임금님 수라상에 주로 오르던 장.
촛장 : 진장 중 첫 번째로 나온 장.
중장 : 진장을 만들 때 중간에 나오는 장.
겹(덧)된장/간장 : 전 해에 담은 간장을 이용하여 장을 다시 담은 장.
어육된장/간장 : 고기와 생선을 메주와 함께 넣어 담그며 땅속에서 1년 이상 숙성시킨 장.
약고추장 : 고추장에 고기를 넣고 볶아 만든 장.

# 수라상은 12첩이 아니라 7첩이었다?

　한복려 선생님께서는 5000년 한민족 역사 중 가장 화려한 음식문화를 꽃피웠던 때가 조선시대라고 운을 띄우며 조선시대 궁중음식에 대한 이야기를 시작하셨다. 나 같은 후손들이 익히기 좋게 하려는 뜻이었을까? 조선시대 임금님들은 〈경국대전 經國大典〉, 〈조선왕조실록 朝鮮王朝實錄〉, 〈진연의궤 進宴儀軌〉, 〈진작의궤 進爵儀軌〉, 〈궁중음식발기〉 등 여러 문헌을 통해 의례, 기명(器皿), 조리기구, 상 차림법, 음식명과 음식의 재료 등 궁중의 식문화를 기록해 두셨단다. 그런데 이 기록들은 대부분이 궁중의 잔치나 특별한 날의 기록이라 한다. 정작 내가 알고 싶었던 것은 임금께서 평상시에 드신 일상식이었는데, 장금이와 나인들이 매 끼니 고심해서 올렸던 그 많은 음식들은 기록에도 남아있지 않단 말인가? 아마도 매일 먹는 밥 한 끼 정도는 그저 지나가는 소소한 일상이라 여겨 문헌에 따로 남겨두지 않은 것 같다. 서운한 마음이 들려던 찰나, 한복려 선생님께서 평상시 임금께서 드셨던 일상식에 대한 기록이 남아있는 유일한 문헌이 있다는 반가운 말을 꺼내신다. 왕가의 일상식을 유일하게 기록해둔 문헌, 그것은 1795년 정조(正祖, 1752~1800) 19년에 쓰인 〈원행을묘정리의궤 園行乙卯整理儀軌〉이다. 정조는 당쟁의 희생양이 되어 뒤주에서 죽은 사도세자의 아들이다. 열한 살의 어린 나이에 아비를 떠나보내고 암투가 난무하는 구중궁궐 속에서 어머니와 함께 살아남았다. 그래서일까? 정조는 어머니 혜경궁 홍씨에 대한 효심이 남달랐다고 한다. 1795년 윤 2월 9일 재위 20주년을 앞두고, 정조는 어머니

혜경궁 홍씨의 회갑년을 기념하기 위해 아버지 사도세자가 묻힌 현륭원으로 행차를 했다. 조선의 역대 임금 중 의례과 규범을 가장 중시하던 임금으로 알려진 정조는 궁궐을 떠나 화성에서 보낸 8일간의 일과와 축제의 모든 과정을 무려 8권에 책에 걸쳐 소상히 기록하도록 명하였다. 그것이 바로 〈원행을묘정리의궤〉이다. 〈원행을묘정리의궤〉에는 화성 행차를 앞두고 혜경궁 홍씨를 위해 제작된 가마의 재료와 비용은 물론 한강에 배다리(舟橋, 배를 이어서 만든 임시 다리)를 건설했던 상황에서부터 화성으로 행차하는 모습까지 상세히 기록되어 있다. 또한 화성행궁 봉수당에서 열린 회갑년에 관한 기록도 있는데 잔치의 흥을 돋궜던 무용수는 행사음식의 내용과 조달방법, 그리고 행사에 참석한 내외빈의 명단까지 소상히 적혀 있는 것이 곧 〈원행을묘정리의궤〉이다. 8권의 책에 기록된 것은 잔치뿐만이 아니다. 화성에서 혜경궁 홍씨와 정조 임금이 받았던 일상식, 즉 수라상에 관한 기록도 있다. 거기에는 하루에 몇 번 수라상이 올랐으며 어떤 찬품(반찬)이 올랐는지도 자세히 적혀있다.

조선시대 음식문화에 대한 기본적인 수업이 모두 끝나고, 드디어 왕의 밥상과 마주하는 날. 흔히 영화나 드라마 속에 등장했던 왕의 밥상을 떠올리며 갖가지 산해진미로 호화롭게 조리된 음식들의 향연을 기대했다. 그런데 막상 〈원행을묘정리의궤〉 속에 그림과 함께 등장한 정조의 밥상은 내가 상상했던 왕의 밥상과는 다소 차이가 있었다.

〈원행을묘정리의궤〉에 따르면 하루 다섯 번 수라상이 올랐다고 한다. 아침에 일어나자마자 허기를 달래기 위해 죽이나 미음을 올리는 '초조반(자릿초반이라고도 한다)', 아침식사에 해당하는 '조수라', 가벼운 점심에 해당하는 '낮것상', 저

평소 임금님이 드셨던 일상식에 대한 기록이 남아있는 유일한 문헌이 〈원행을묘정리의궤〉이다.

녁식사에 해당되는 '석수라', 그리고 늦은 밤 다과나 안주를 올리는 '야참상'이다. 조선의 임금은 하루에 식사를 다섯 번씩이나 하는 대식가였나 하는 오해도 잠시, 수라상별로 올린 음식들을 살펴보니 제대로 갖춘 식사는 하루 2끼, 조수라와 석수라 뿐이고, 낮것상은 국수나 만두 같은 면상이며, 초조반은 허기를 달래기 위한 간단한 죽상이다. 또한 야참상은 현대인들의 간식꺼리나 다름없는 상이다. 그러고 보면 나 역시도 아침과 점심 사이 시시때때로 강냉이며 옥수수, 초콜릿이나 과일 같은 주전부리를 입에 달고 있으니, 수라상을 셈하듯 꼽아봤을 땐 하루에 대여섯 끼는 족히 먹는 셈이다.

〈원행을묘정리의궤〉에 등장하는 일상식 중 가장 흥미로웠던 것은 바로 수라상에 오른 찬품(반찬)의 수이다. 〈원행을묘정리의궤〉에 따르면 정조임금이 받은 수라상에는 모두 일곱 그릇(7기)의 음식이 올랐다. 8일 동안 단 하루도 일곱 그릇을 넘긴 적이 없다. 반면 혜경궁 홍씨가 받은 수라상에는 모두 열세 그릇(13기)에서 열다섯 그릇(15기)에 달하는 음식이 올랐다. 〈원행을묘정리의궤〉를 연구해온 역사학자들은 효심이 깊은 정조가 회갑을 맞은 혜경궁 홍씨에게는 특별히 열다섯 그릇의 찬을 올린 것이며 본인은 평상시대로 일곱 그릇의 찬이 올라간 수라상을 받았을 거라고 이야기한다. 조선은 충효의 나라이기에 자식인 본인보다 어머니께 더 나은 밥상을 올린 것은 십분 이해하지만 그래도 뭔가 좀 석연찮은 부분이다. 지금도 설이나 추석 같은 명절 혹은 생일이나 혼례 같은 잔치가 있는 날이면, 수일간은 밥상위에 오르는 반찬의 가짓수부터 달라진다. 몇 날 며칠을 두고두고 먹을 만큼 넉넉해지는 것이 한국인의 잔치 인심 아니던가? 하물며 혜경궁 홍씨의 회갑연은 조선후기에서 전례 없이 성대했던 잔치였다고 기록

정조의 밥상이
12기가
아니라 7기라 하니,
고등학교 때 배웠던
12첩 수라상은 대체
무엇인가?

되어 있는데, 정조의 밥상이 12기가 아닌 7기라 하니, 고등학교 가사 교과서에서 본 12첩 수라상은 대체 무엇인가 싶다.

내 또래의 여자들은 다들 고등학교 가사 시간에 반상차림에 대해 배웠을 것이다. 반상차림은 3, 5, 7, 9, 12첩으로 나뉘며 첩수가 가장 많은 12첩은 임금만이 받을 수 있는 수라상이라고 배웠었다. 그런데 이번 기회에 '첩'이 무엇을 뜻하는지를 제대로 배우게 됐다. 그리고 나니 일곱 그릇(7기)의 반찬이 오른 정조의 수라상에 대한 놀라움이 더 커졌다.

첩이란 반찬의 가지 수에 따라 정해지는데 모든 반찬이 첩에 해당되는 것은 아니다. 밥, 국, 김치, 찌개, 전골, 찜을 제외한 반찬을 첩으로 세는 것이다. 2월 11일 저녁, 화성에서 정조가 받은 수라상에는 흰쌀밥(밥), 수어탕(국), 낙지초(찌개), 잡산적과 수어적(구이), 민어와 전복포를 포함한 각종 구이류(좌반), 각색화양적(전), 청근침채(김치, 무로 담근 김치)가 올랐다. 이 중에서 밥과 국, 찌개, 그리고 김치를 빼고 나면 구이와 좌반, 전, 단 세 가지만 남는다. 결국 3첩에 해당되는 음식이다. 첩으로 계산해보면 다른 날의 수라상 역시 3첩이나 4첩에 불과하다. 반면 혜경궁 홍씨가 받은 수라상에는 적게는 열세 그릇(13기)에서 많게는 열다섯 그릇(15기)이 담겨진 음식이 올랐다. 이 또한 첩수로 계산해보면 7첩이나 9첩에 해당되는 음식이다. 그렇다면 12첩 상차림에는 얼마나 많은 음식이 오르는 것일까? 12첩을 차리기 위해서는 최소 스물한 그릇의 음식이 상에 오른다고 한다. 상다리가 휘청거릴 만큼 많은 양의 음식이다.

다큐멘터리의 자문을 맡아주신 서울교육대학교 역사학과 함규진 교수님은 조선시대 그 어떤 문헌에도 왕의 수라가 12첩이었다는 기록은 없다며, 수라상이

12첩이라는 통설은 구한말에 형성된 것이라고 말씀하신다. 조선말기, 고종과 순종이 재위하던 시절 마지막 상궁인 한희순(韓熙順, 1889~1972)을 비롯해, 당시 생존해있던 상궁들의 입에서 입으로 전해진 것이 12첩 반상의 근거가 됐다고 하는데, 그러다보니 궁중음식에 관한 일부 잘못된 오해들도 생겨났다고 한다. 그 대표적인 것이 '구절판(九節板)'이란다. 드라마나 영화 속에 차려진 수라상에 어김없이 등장하는 구절판. 게다가 한정식 집에 가면 수라상 코스에 당당히 이름을 올리고 있는 음식 중 하나가 구절판이다. 그런데 이 구절판은 궁중음식이 아니라고 한다. 그렇다면 어떻게 구절판이 궁중음식으로 알려졌을까?

구절판이 등장한 것은 1930년대. 구절판이 궁중음식으로 둔갑한 것은 구한말의 아픈 역사와 깊은 관계가 있다. 구한말, 조선왕조가 몰락하면서 궁궐에서 음식조리를 담당하던 숙수들이 궁궐을 떠나 요릿집을 차리게 되는데 이것이 바로 기생집이다. 기생집을 차린 숙수들은 당시 조선에 들어온 서양음식과 일본음식 그리고 궁중음식을 혼합하여 화려한 메뉴를 선보였다. 게다가 아무도 넘볼 수 없었던 궁중의 음식을 맛볼 기회라며 '조선의 궁중음식'으로 대대적인 광고를 시작한다. 그런 광고에 혹하지 않을 리 있나. 특히 돈 꽤나 있는 중인들 사이에선 궁중에서 먹던 음식들을 맛보기 위해 기생집 앞에 줄을 섰을 것이다. 그러다 보니 구절판처럼, 일부 기생집 요리가 궁중음식으로 둔갑하게 되는 해괴한 일이 벌어졌던 것은 아닐까?

12첩 수라상 역시 어지러웠던 구한말에 탄생된 왕의 밥상이었다고 하니, 그것이 마치 조선시대 전체 왕의 밥상인 양 올라와 있던 교과서에 대한 기억이 왠지 씁쓸하게만 느껴진다.

# 정조의 밥상을 차리다

　한복려 선생님께 〈원행을묘정리의궤〉에 나온 수라상의 찬품들을 배우는 것으로 궁중음식은 졸업하는 줄만 알았다. 그런데 웬걸? 제작진은 내게, 배운 수라상을 고스란히 재현해 달라는 주문을 한 것이다. 다큐멘터리의 진정성을 내세우며 수라상을 직접 차려보자는 제작진의 요구에 한마디 반론도 없이 백기를 들 수밖에 없었다. '좋다! 어디 해보자! 두 눈을 부릅뜨고 배웠는데 까짓 거 못할게 뭐 있어?' 하는 심정으로 일단 장바구니를 들고 집을 나섰다.

　집에서 차로 십 분이면 이웃마을 양수리에 도착한다. 양수리 시내에는 5일 간격으로 양수장이 선다. 문호리로 이사한 후 제일 자주 찾는 곳이 동네 마트와 이곳 양수장이다. 한 일 년을 그렇게 드나들었더니, "이쁜이 왔네~"라는 말로 반겨주시는 할머님들도 계시고 소소한 농담을 주고받는 단골집도 생겼다. 양수장 초입에는 좌판을 벌리고 찐 옥수수며 강냉이, 뻥튀기를 파시는 아주머니가 계신다. 그 분과는 벌써 전화번호까지 주고받은 사이다. 여름철만 되면 남편도 아이들도 모두 옥수수를 입에 달고 사는지라 질 좋은 옥수수가 들어올 때마다 연락을 해주시곤 하는데 장을 보기 전에는 늘 이곳에 들려서 일주일 먹을 옥수수를 미리 사가고는 한다. 역시 장구경의 백미는 군것질. 막 끓여낸 멸치육수를 부어 말아준 장터국수며 호떡, 메밀전, 부침개…. 아, 상상만으로도 입 안에 침이 고이는 것 같다. 물론 다른 곳에서도 쉽게 먹을 수 있는 것들이지만 시끌벅적한 장터에서 막 구워낸 호떡이며 부침개를 호호 불며 먹는 맛은 그 어떤 정찬과도 비할 바가 아니다.

　장에서만 느낄 수 있는 재미는 또 있다. "이건 뭐예요?" 한마디만 던지면 "이건 삼채라는 건데요. 처음 들어보셨죠? 잡숴봐요. 잡숴봐야 맛을 알지. 세 가지

맛이 나서 삼채예요. 인삼, 마늘, 부추보다 항암효과가 여섯 배나 많아요." "이 도라지는요. 내가 하나 말씀 드릴께. 여기다 소금을 자박자박 하지 마세요. 그러면 질겨지고 쓴맛이 나요. 도라지에 물 조금 넣고 설탕을 자박자박했다가 10분 담가뒀다 헹구면 훨씬 맛있고 부드러워져요." 이렇게 툭 하고 한 마디만 던져도 어머님의 비법이며 갖가지 효능을 막힘없이 술술 풀어내시는 걸 보면 요리전문가나 식품영양학과 교수는 저리가랄 정도다. 초보 주부인 내겐 장터에서 만난 할머니며, 아저씨들의 조언이 얼마나 요긴한지 모른다.

한복려 선생님께서 직접 시현해가며 조리법을 세세히 일러주신 음식들은 윤 2월 9일 정조가 드셨던 조수라에 오른 찬품들이다. 1795년 윤 2월 9일은 어머니 혜경궁 홍씨의 회갑연을 열기 위해 경기도 화성(오늘의 수원성)으로 떠난 첫 날이다. 그날 정조의 행렬은 새벽 일찍 창덕궁을 출발하여 노량행궁에서 아침을 드셨고, 시흥행궁에서 짐을 풀고 하룻밤을 묵으셨다. 〈원행을묘정리의궤〉에 나타난 8일간의 일상식 기록 중 가장 화려했던 수라상이 바로 노량행궁에서 드셨던 조수라(아침식사)와 시흥행궁에서 드셨던 석수라(저녁식사)라고 한다. 지금이야 차로 한 시간이면 족히 닿을 거리지만 당시에는 창덕궁에서 화성까지 꼬박 이틀이 걸렸다는데, 게다가 정조는 행차 과정을 백성들이 볼 수 있도록 천천히 걸으라고 명하셨다니 더더욱 오랜 시간이 소요되었을 것 같다.

임금이나 귀족들은 가마를 타고 간다지만 그것도 쉽지 않은 일이다. 드라마를 촬영하면서 몇 번 가마를 탈 기회가 있었는데 가까운 거리라면 차라리 걷고 싶을 만큼 속이 울렁거렸던 기억이 있다. 하물며 이틀을 내리 흔들리는 가마 안에서 꼿꼿이 앉아 있으려면, 그것 역시 고역이었을 것이다. 아마도 수라상을 관장

해온 사옹원(司饔院, 조선시대 임금의 식사와 대궐 안의 식사 공급에 관한 일을 관장하기 위하여 설치되었던 기구)에서는 앞으로 떠날 길의 고단함을 대비해 체력을 비축하라는 의미에서 평상시보다 거한 수라상을 올린 게 아닐까 싶다.

이 날의 음식을 한복려 선생님과 함께 재현해보기는 했지만, 막상 혼자 이 음식들을 차려 내려니, 기억이 가물가물한 게 내가 언제 이것을 배웠던가 싶다. 선생님께서 적어주신 레시피에 의지해, 정조임금의 수라상에 올랐던 음식 중 여섯 가지(홍반, 도라지나물, 오이나물, 미나리나물, 저갈비, 골탕)를 직접 조리해 보기로 했다. 이날 정조임금의 수라상에는 흰쌀밥 대신 홍반(적두수화취, 팥물밥)이 올랐다. 수라상에 오르는 밥은 1인분씩 돌솥이나 놋솥에 지었는데, 홍반은 멥쌀에 약간의 찹쌀을 섞고 여기에 팥을 삶은 물을 넣어 지어내는 밥이다. 또한 궁중에서는 계절에 따라 갖가지 채소로 나물을 버무렸는데, 궁중의 나물 조리법은 지금의 조리법과는 다소 차이가 있다. 내가 하던 방식대로 조리를 하면 좋으련만 한복려 선생님께 배운 대로 궁중음식의 조리법을 재현하려니 시간이 몇 배나 걸린다. 도라지나물 하나만 봐도 그렇다. 일단 소금을 넣어 쓴맛을 뺀 도라지를 끓는 물에 삶아내고, 여기에 양념장을 넣고 조물조물 무쳐서, 이를 다시 기름에 볶아 갖은 고명을 올리는 복잡한 과정을 거쳐야 한다. 간단한 음식 하나에도 몇 가지의 조리법이 겹겹이 들어가는 것이 궁중음식이다. 한복려 선생님께서 말씀하신 "우리 궁중음식의 가장 큰 특징은 정성"이라는 말의 의미를 알 것 같았다. 오이와 미나리, 도라지나물을 무쳐두고 이제 '저갈비'를 재울 차례. 오늘날의 돼지갈비와 비슷한 저갈비는 돼지갈비에 칼집을 넣어 갖은 양념을 해 재우는 비교적 간단한 음식이다. 그러나 왜간장을 주로 쓰는 요즘의 양념과는 달리 조선시대에는 진장(묵은

궁중음식은 음식에 따라 갖가지 장으로 맛을 낸다. 그만큼 궁중에서는 섬세한 맛의 차이를 중요시했다.

장으로 단맛이 나는 검은 빛깔의 장)과 참기름, 꿀과 다진 마늘, 다진 파를 넣어 재워두는 것이 특징이다. 게다가 음식에 따라 갖가지 장으로 맛을 낸다. 나물에는 청장, 고기음식을 재울 때는 진장, 찌개를 끓일 때는 어육장이 이용되는데 그만큼 궁중에서는 그 섬세한 맛의 차이를 중요시했다고 한다.

　수라상에 오르는 음식 중 수월한 음식들만 골랐으니 여기까지는 누워서 떡먹기다! 하지만 남은 한 가지 음식은 시작도 하기 전부터 지끈지끈 머리가 아파온다. 이름부터가 '골탕'이다. 골탕, 바로 소의 두골을 저며 끓이는 탕국인데 소골이 몸을 따뜻하게 해주는 효과가 있어 겨울철 임금님의 밥상에 보양식으로 올랐던 음식이란다. 며칠 전부터 마장동 축산시장에 부탁해 어렵게 구한 소골은 그 비주얼이 워낙 강렬한지라 마장동에서 받아온 채로 봉지도 뜯지 않고 냉장고에 넣어두었다. 그런데 막상 봉지를 열어 시뻘건 핏물이 뚝뚝 떨어지는 소골을 대하려니, 음식 재료를 앞에 놓고 할 소리는 아니지만 속이 울렁거린다. 피가 엉켜 붙은 소골을 찬물에 넣어 핏물을 빼는 데까진 성공! 이제 골을 저며야 할 차례다. 주름진 소골을 보고 있자니 마치 내 두개골이라도 꺼내놓고 들여다보는 것 같아 가슴은 두방망이질 치고 미간에는 절로 주름이 잡힌다. 내 손을 뚫어져라 주시하고 있는 제작진 앞에서 물러설 수 없어 칼을 들었다. 그렇게 소골을 한 장 한 장 저미고, 여기에 소금과 후추로 간을 한 후 계란 옷을 입혀 전을 부쳐낸다. 그렇게 치장을 하고나니, 이게 소골인지 육전이지 아니면 생선전인지 분간이 안 된다. 이러니 임금도 드셨겠지. 소골의 민낯을 보셨더라면 보양식이 아니라 보양식 할아비라도 상을 물리셨을 것 같다는 쓸데없는 상상을 하며, 소고기육수와 파를 넣어 골탕을 끓여냈다. 골탕을 끓였다고 지인들에게 얘기하면 다들 그 맛을 물어온다. 사실 그 맛은 그리 색다르지 않다. 시원하고 구수하면도 뒷맛이 개운하다. 굳이 비유하자면 기름기 없이 잘 끓여낸 소고기탕국과 비슷하다고 해야하나? 그래서 말인데, 누군가 골탕을 끓이려는 분이 있다면 절대 소골의 민낯을 보여주지 말라고 권하고 싶다. 소골의 비주얼만 묻어두면 꽤 먹을 만한 음식이기 때문이다.

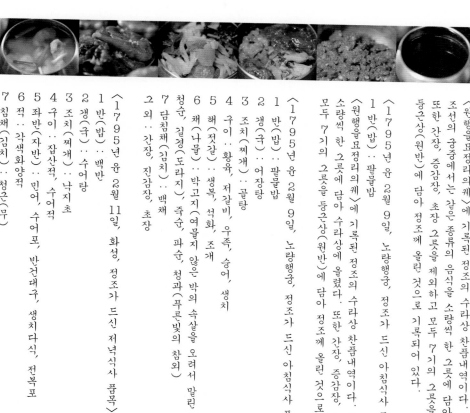

〈원행을묘정리의궤〉에 기록된 정조의 수라상 찬품내역이다. 조선의 궁중에서는 같은 종류의 음식을 소량씩 한 그릇에 담아 수라상에 올렸다. 또한 간장, 증감장, 초장 2그릇을 제외하고 모두 7기의 그릇을 등은상(원반)에 담아 정조께 올린 것으로 기록되어 있다.

〈1795년 윤 2월 9일, 노량행궁, 정조가 드신 아침식사 품목〉
1 반(밥) :: 팥물밥

〈원행을묘정리의궤〉에 기록된 정조의 수라상 찬품내역이다. 조선의 궁중에서는 같은 종류의 음식을 소량씩 한 그릇에 담아 수라상에 올렸다. 또한 간장, 증감장, 초장 2그릇을 제외하고 모두 7기의 그릇을 등은상(원반)에 담아 정조께 올린 것으로 기록되어 있다.

〈1795년 윤 2월 9일, 노량행궁, 정조가 드신 아침식사 품목〉
1 반(밥) :: 팥물밥
2 갱(국) :: 어장탕
3 조치(찌개) :: 골탕
4 구이 :: 황육, 저갈비, 우족, 숭어, 생치
5 해(젓갈) :: 생복, 석화, 조개
6 채(나물) :: 박고지(여물지 않은 박의 속살을 오려서 말린 반찬), 수근(미나리)
청순, 길경(도라지), 죽순, 파순, 청과(푸른빛의 참외)
7 담침채(김치) :: 백채
2 외 :: 간장, 진감장, 초장

〈1795년 윤 2월 11일, 화성, 정조가 드신 저녁식사 품목〉
1 반(밥) :: 백반
2 갱(국) :: 수어탕
3 조치(찌개) :: 낙지초
4 구이 :: 잡산적, 수어적
5 좌반(자반) :: 민어, 수어포, 반건대구, 생치다식, 전복포
6 적 :: 각색화양적
7 침채(김치) :: 청근(무)

# 소박한 밥상을 고수한 조선의 왕들

〈원행을묘정리의궤〉에서 정조가 받은 8일간의 수라상을 보면 하나같이 임금의 밥상이라고 하기에는 참 소박하다. 수라상을 보면 볼수록 한정식 집 메뉴가 오버랩되어 떠오른다. 한정식 집만 가도 젓가락질 한 번 하지 않고 치워지는 반찬이 태반이다. 그럴 때마다 저 많은 반찬들은 어디로 치워질까 싶어 늘 아쉬워했던 기억이 난다. 하물며 엄연한 계급사회였던 조선시대, 어찌 한 나라의 최고 지위에 있는 임금의 밥상이 요즘의 한정식 집 메뉴만도 못했던가.

그래도 정조임금의 7첩 반상이 어느 정도 예를 갖춘 수라상이었다. 조선왕조실록에는 서너 가지의 찬으로 밥을 먹었다는 기록들도 간간히 등장한다. 영조(英祖, 1694~1776)는 보리밥에 조기를 즐겨 먹었다고 하는데, 영조가 재위하던 시절 〈승정원일기 承政院日記〉 1768년 7월 28일에는 이런 기록이 등장한다. "송이, 생전복, 새끼 꿩, 고추장은 네 가지 별미라. 이것을 보면 아직 내 입맛이 완전히 늙지는 않았나 보다." 임금이 최고의 별미로 친 음식이 송이에 전복회, 꿩고기, 그리고 고추장이었다니 영조의 취향이 소박했다고도 볼 수 있겠지만 평소 수라상에 오르는 음식들이 사치스럽지 않았다는 것을 예측해 볼 수 있다.

〈이영애의 만찬〉의 자문을 맡아주신 신병주 교수님은 조선이라는 나라가 성리학을 근간으로 세워졌기 때문에 수라상도 소박할 수밖에 없었다고 말한다. "성리학에서 추구하는 성군의 존재는 백성들 위에 군림하고 화려한 것을 취하는 왕이 아니라 철저하게 절제되고 검소한 생활을 몸소 보여주는 군주를 지향해야 했습니다. 결국 성리학에서 말하는 검소한 절약정신이 가장 압축적으로 구현된 것 중 대표적인 사례가 바로 왕의 밥상이었다고 할 수 있죠."

조선시대 군주는 만백성의 어버이였기에 일거수일투족 백성의 모범이 되어야 하는 존재였다. 그래서 입는 것과 먹는 것, 기거하는 곳 역시 화려함보다는 소박함을 추구했다고 한다. 문득 〈대장금〉의 한 장면이 떠오른다. 한 상궁과 최 상궁이 최고 상궁의 자리를 놓고 세 번의 음식 경합을 벌였다. 대비전에서 내려온 두 번째 음식 경합 주제가 "흉년에 백성들이 먹을 것이 없어 고초를 겪으니 평소 백성들이 먹지 않고 버리는 것으로 찬을 만들어오라. 그리고 단 한 가지 밥과 국만으로 수라상을 차리라."는 것이었다.

최 상궁과 한 팀이 된 금영이, 그리고 한 상궁과 한 팀이 된 장금이. 장금이와 금영이는 공교롭게도 그 경합 주제를 듣고 똑같은 국을 선택했다. 바로 곰탕이었다. 그 두 번째 경합에서 한 상궁과 장금이는 패배를 맛보았다.

드라마를 보신 분들은 기억하시겠지만, 질 좋은 뼈와 고기를 구하기 위해 며칠을 허비한 장금이가 곰탕의 깊은 맛을 내기 위해 민간에서는 쓸 수 없는 귀한 타락(우유)을 곰탕에 넣었기 때문이다. 백성이 먹을 수 있는 음식을 만들어 오라는 경합 주제를 벗어나 궁궐에서나 맛볼 수 있는 타락을 넣었으니 장금이의 패배는 당연한 결과였다.

이 두 번째 경합 장면은 내가 장금이의 옷을 벗은 이후에도 오랫동안 기억에 남아있는 장면이다. 물론 드라마에서 보여준 경합이라는 상황과 경합에 오른 음식들은 허구였을 수도 있으나 그 밥상을 받는 임금의 마음만큼은 진실이 아니었을까?

# 진상품, 전국 팔도에서 빚어낸 맛

아침부터 정조가 받은 궁중음식을 만들어주겠다며 호언장담했더니 남편은 내심 별미를 기대했던 모양이다. 그런데 무려 5시간에 걸쳐 차려낸 음식을 받는 순간 남편의 얼굴에 스치는 실망감을 읽어버리고 말았다. 하긴 궁중음식이라고 했으니 신선로 정도를 기대했을 텐데, 도라지나물에 오이나물과 미나리나물, 그리고 돼지갈비와 소골탕이 전부이니 실망하는 것도 무리가 아니다. 그러고 보면 수라상이라고 해서 별난 음식이 오른 것 같지는 않다.

조선시대의 수라상에 어떤 찬들이 올랐는지를 가늠해 볼 수 있는 문헌이 있다고 한다. 조선시대 수라상은 전국 팔도에서 진상된 물품으로 차려냈다고 하는데 그때 쓰인 진상 목록을 알 수 있는 것이 바로 〈공선정례 貢膳定例〉이다. 1776년 정조가 각종 공선 진상품의 물품, 수량, 진상방법 등에 관하여 규정한 책이다. 일단 육류부터 살펴보자. 요즘은 소고기와 돼지고기, 닭고기가 한국인이 가장 많이 먹는 육식인데 조선시대는 좀 달랐던 것 같다. 꿩과 노루, 멧돼지가 가장 많이 진상되었다고 적혀있고, 어패류는 전복과 게, 그리고 낙지, 대합, 홍합, 굴, 소라이다. 그 중에서도 절대적으로 많은 양을 차지하는 것이 전복인데, 그러고 보면 예나 지금이나 전복은 귀한 음식이었나 보다. 생선류 역시 요즘 우리가 먹는 생선들과는 다르다. 은어와 대구, 조기, 숭어, 연어, 청어, 황어, 백어, 쏘가리, 광어, 가자미… 그 중에서도 숭어와 은어를 가장 많이 올렸다고 한다. 채소도 요즘 우리가 먹는 채소와 크게 다를 바 없는데 가장 눈에 띄는 품목은 죽순이다. 죽순은 머리를 맑게 하는 효과가 있다 하여 예로부터 왕세자들에게는 특별히 죽순채를 많이 올렸다는 얘기도 있다. 나 역시 두 아이를 키우는 입장이다 보니 왕세자들의 밥상에 올랐다는 음식을 보면 귀가 솔깃해 온다. 그 밖에도 굴이나 미역, 다시마, 그리고 표고버섯과 송이버섯은 매년 진상품에서 빠지지 않

앉던 품목이라고 한다.

진상제도에는 만백성이 한 분의 어버이를 봉양하는 심정으로 자신이 키우고 거둔 식재료를 임금께 바친다는 의미가 담겨있다고 한다. 봉양을 받는 아버지는 자식들에 대한 도리를 다해야 했다. 어버이의 마음으로 백성들을 돌봐야 하는 책임과 의무가 조선의 임금에게 지워졌던 것이다. 그렇기 때문에 수라상에 오르는 찬거리 하나도 임금의 마음대로 선택할 수 없었으며 이 땅에서 나는 진상품들로 수라상을 차려야 했다. 또 여러 가지 폐해에도 불구하고 조선왕조가 끝까지 진상제도를 버리지 않았던 데는 까닭이 있었다고 한다.

한복려 선생님을 처음 뵙던 날 선생님께서 내게 이런 말씀을 하셨다. "수라간 상궁과 숙수들은 전국 각 고을에서 시기에 맞춰 들어오는 진상품을 다듬어 수라상에 올립니다. 그렇기 때문에 임금님의 수라상이 제대로 만들어진다는 것은 백성들의 삶이 편안하고 나라가 잘 굴러간다는 뜻이기도 하지요." 선생님의 말인즉, 흉년이 들면 생채가 수라상에 오르지 못할 테고 태풍이 오면 전복이나 생선 같은 해산물이 오르지 못할 것이니 나라가 평온하면 수라상 역시 안녕하다는 뜻이다. 500년 전 이 땅의 임금은 수라상을 받을 때마다 수라상에 오른 음식을 보며 어느 지역에 흉년이 들고, 또 어느 지역에 태풍이 왔는지 올해의 작황은 예년보다 좋은지 나쁜지를 가늠했다고 한다. 밥상 앞에 앉아 전국 팔도 곳곳에 사는 백성들의 삶이 편안한지를 살펴야 했던 것이 바로 조선의 군주라는 자리였던 것이다.

돌이켜보니 〈대장금〉에서도 중종이 수라상 앞에 앉아 민생을 걱정하는 대목이 있었다. "밥맛이 예년만 못하니 올해 작황이 좋지 않은가 보구나?" 중종의 그 한마디는 권력자의 투정이 아니라 밥맛을 통해 작황을 걱정하는 어버이의 근심

임금은 백성들이 정성을 다해 키우고 거둔 진상품을 보며 백성의 삶을 들여다보고 있었다.

이 담긴 대사였음을 새삼 깨닫게 된다. 밥상머리에 앉아 조선 팔도에서 백성들이 정성을 다해 키우고 거둔 진상품을 보며 조선의 임금은 구중궁궐 너머 백성의 삶을 들여다보고 있었던 것이다.

살아가는 데 있어 결코 빼놓을 수 없는 것이 먹는 즐거움 아닌가? 나 역시 꽤나 먹는 것을 즐긴다. 특히 주부가 되고 엄마가 된 후 더욱더 그러하다. 집밥을 즐겨 먹는 남편 때문에 오후 4시만 되면 알람시계처럼 "오늘은 뭘 해 먹지?"라는 신호가 머릿속에 울리기 시작한다. 묵은지를 통째로 놓고 고등어를 지져 먹을까? 동치미국 물에 얼음을 동동 띄워 소면을 말아볼까? 호박잎을 송송 썰어놓고 된장찌개를 끓여 볼까? 노르스름한 알과 허연 게살에 붙은 게딱지에 흰 쌀밥은 어떨까? 후딱 나가 게장을 사와 볼까? 그 맛을 상상하는 순간부터 짜릿한 쾌감이 시작된다. 그리고 상상하던 그 맛이 혀끝에 감도는 순간, 신경이 집중되곤 한다.

다큐멘터리를 준비하는 동안 한국음식 뿐 아니라 해외 음식에 대한 이야기도 얻어 들은 것이 많았다. 한 인문학 교수님께 들은 이야기이다. 프랑스의 마리 앙투아네트(Marie Antoinette, 1755~1793) 왕비가 빵이 없어 굶주려 있는 백성들을 향해 "빵이 없으면 케이크를 먹으면 될 것 아닌가?"라고 했다는 것은 실화가 아니란다. 그럼에도 불구하고 마치 실화인 양 부풀려진 데는 그럴만한 배경이 있다고 했다. 프랑스 왕실과 귀족들은 성벽 너머에 사는 백성들이 무엇을 먹고 사는지에 대해 무지했다는 것이다. 그러나 조선의 임금은 밥상 위에 놓인 진상품들을 보며 백성의 삶을 읽어냈다고 하니 밥상 앞에 앉아서도 맘 편히 수라를 들지 못했을 임금이 다소 안쓰럽기도 하고, 한편으로는 이런 군주를 가진 땅에서 살아왔다는 것이 자랑스럽기도 하다.

# 조선시대 왕에게 진상됐던 특산물

조선시대 궁중에 진상됐던 지역의
특산물에는 재미있는 일화들이 전해져 내려온다.
그 일화들을 간단히 정리해보았다.

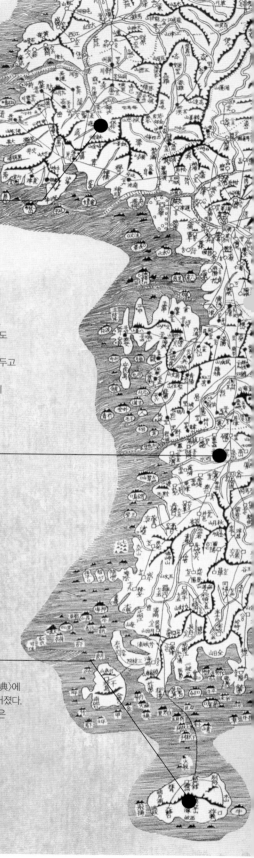

## 경기도 & 서울

**여주·이천 | 쌀** 300년 전 조선왕실에서 직영으로 재배했던
여주 '자채쌀'은 황포돛배에 실려 한양의 궁궐에 진상됐다.
**파주 | 장단콩** 파주 장단지역은 1913년 대한민국 최초의 콩 장려품종으로
선발된 '장단백목'을 탄생시킨 콩의 본고장이다.
**가평 | 잣** 전국 생산량의 45%를 차지하고 있는 가평의 대표 농산물로
조선시대 임금님께 진상되던 진상품이었다.
**서울(경기도 남양주) | 먹골배** 조선시대 단종(端宗, 1441~1457)을 강원도 영월까지
호송했던 책임자 금부도사 왕방연(王邦衍)은 임무를 마치고 서울로 돌아와 죄책감에 관직을 내놓고
봉화산 아래 중랑천 변에 자리를 잡고 살았다. 단종을 호송하면서 목 말라하는 단종에게 물 한 모금도
주지 말라는 세조(世祖, 1417~1468)의 엄명을 지켜야 했던 자신을 원망하고 속죄하는 마음에서
필묵과 벗하면서 배나무를 키우기 시작하였다. 평생 죄스러운 마음으로 살았던 왕방연은 죽음을 앞두고
본인은 영월 가는 길에 묻고 주변에는 배나무를 많이 심어 달라는 유언을 남겼는데,
그 후 왕방연이 심었던 배나무가 사방으로 번식하게 되면서 신내동 일대가 배 밭으로 명성을 날리게
되었다는 속설이 있다. 숙종 때 서울시 중랑구 묵동의 지명을 따서 '먹골배'라 칭하였는데
당도가 높고 맛이 좋아 임금님께 올렸다는 기록이 있다.

## 전라도

**전북 순창 | 고추장** 순창 고추장은 조선시대 태조(太祖, 1335~1408) 때 진상했던
그 방법으로 빚어 검붉은 색깔과 은은한 향기와 뛰어난 감칠맛을 자랑한다.
**전라도 일대 | 죽순** 2월부터 나오기 시작해 5월 중순까지 딸 수 있는 죽순은 생죽순과
죽순해(소금에 절인 죽순)로 분류했다. 생죽순은 전라도의 곡성, 광주, 능주, 순창, 창평 등에서
진상되었고, 죽순해는 전라도의 구례, 담양, 목과, 장성에서 진상되었다.
죽순해를 따로 진상하게 한 이유는 조선왕조 내내 종묘대제(宗廟大祭) 같은
국가적인 공식 제향에 죽순김치를 제물로 올렸기 때문이다.
**전남 완도 | 전복** 이원조(李源祚, 1841년 제주목사로 부임)의 〈탐라지초본 耽羅誌草本〉
내용 중에는 진상 품목이 상세하게 기록되어 있다. 진상품목 중에 유난히 눈에 많이 띄는
'추복, 인복, 조복'이 있는데, 이것들은 모두 전복을 말한다.
**전남 고흥 | 석류** 조선시대 정조 때 발행된 책자인 〈공선정례 貢膳定例〉에는
전남 고흥에서 재배된 석류가 과일로서 진상됐다고 적혀있다.

## 제주도

**귤** 조선시대 제주에는 귤의 진상을 위하여 곳곳에 과수원을 설치하여 운영하였다. 〈경국대전 經國大典〉에
그 기록이 남아있다. 본격적인 과수원의 조성은 1526년(중종 21년) 이수동(李壽童) 목사에 의해 이루어졌다.
귤은 제사용 혹은 외국이나 국내 손님 접대용으로 주로 조정에서 이용하였다. 대체적으로 귤의 진상은
가장 일찍 익는 당금귤, 금귤부터 시작하여 매 10일 간격으로 스무 차례 조정에 진상하였다.
**흑우** 〈조선왕조실록〉이나 18세기 초 작성된 〈탐라순력도 耽羅巡歷圖〉,
〈탐라기년 耽羅紀年〉 등에는 제주 흑우를 왕에게 진상했다는 기록이 나온다.
현재도 축산진흥원에 혈통이 등록된 제주 흑우는 136마리이다.
**표고버섯** 〈세종실록 世宗實錄〉 1421년 정월의 기록을 보면 제주에서 진상했던 물품이 소개되는데
감귤, 유자, 동정귤, 청귤 등과 더불어 표고와 비자 등이다. 예조에서 왕에게 진상품목 중
계절특산물의 지속적인 진상을 건의하는데 임금이 제주에 대해서는 면제토록 명했다는 내용이다.
그 이전부터 이미 표고가 진상품이었다는 것을 알 수 있다.

## 강원도

**인제 | 벌꿀** 강원도 인제에서 사는 꿀은 유난히 달고 맛이 좋아 강원도 관찰사에서
진상하는 품목 중 가장 중요한 몫을 차지했다.
**삼척 | 고포 미역** 고포의 미역은 고려시대부터 중국에 수출했다는
기록이 있을 정도로 역사가 깊고 조선시대에는 왕에게 올리는 진상품으로
궁중에서만 맛볼 수 있는 귀한 것이었다고 한다.

## 충청도

**충남 연산 | 오골계** 조선의 19대 임금 숙종(肅宗, 1661~1720)이 중병을
앓던 중 연산오골계를 드시고 건강을 회복한 후부터 충청지방의 특산품으로
해마다 임금님께 진상되었다고 한다. 또한 연산에 사는 통정대부(通政大夫,
도지사급) 이형흠(李亨欽)이라는 자가 25대 임금 철종(哲宗, 1831~1863)께
진상했다는 기록이 있다.
**충남 서산 | 굴** 서해안 지방의 자연산 굴은 맛과 영양가가 뛰어나 궁중에
진상되었다고 평가한 기록이 〈정조실록 正祖實錄〉에 실려있다. 서해안에서 채취한
굴은 그 생산시기가 겨울철이라고 해도 한양의 사옹원(司饔院, 조선시대 궁궐 안의
모든 식사 공급에 관한 일을 관장하는 기관)까지 옮기는 과정에서 신선한 상태를
유지해야 했기에 역(驛) 곳곳에 얼음을 쌓아두고 중간중간 얼음을 채워가며 옮겼다.
또한 굴젓갈인 석하해는 현지에서 만들어 올렸는데, 얼마나 귀하고 맛이 있었던지
명나라 황제에게 선물로 보내기도 했다.
**충남 보령, 당진, 덕산 등지 | 숭어** 세종(世宗, 1397~1450) 11년 명나라 조정에서는
건어물을 구하기 위해 조선으로 사신을 보냈다. 그들은 귀국길에 건 숭어를
무려 440마리나 가져갔다고 전해진다. 이처럼 명나라와 조선왕실에서 최고급
어종으로 대우한 것이 숭어다. 냉장시설이 발달하지 못한 조선시대에 생물인 숭어는
주로 충청도에서 진상되었고 건어물인 숭어는 보다 먼 전라도에서 진상되었다.
**충북 보은 | 황토 대추** 허균(許筠, 1569~1618)의 〈도문대작 屠門大嚼〉에는
"대추는 보은 현에서 생산되는 것이 제일이다"라고 기록되어 있고,
〈세종실록지리지 世宗實錄地理志〉와 〈동국여지승람 東國輿地勝覽〉에도
"보은 대추는 임금님께 진상된 명품이다"라는 글이 나온다.

## 경상도

**안동, 영덕, 봉화 | 은어** 낙동강의 진상품인 은어를 보관하기 위해
영조가 만든 안동석빙고(보물 제 305호)가 있다.
**경북 상주 | 곶감** 상주 곶감은 〈예종실록 睿宗實錄〉에 임금님께 진상한
기록이 남아있고 1530년에 쓰인 〈신증동국여지승람 新增東國輿地勝覽〉에도
기록되어 있을 정도로 유래가 깊다.
**경북 영덕, 울진 | 대게** 고려 말의 학자이자 정치가 권근(權近, 1352~1409)의
〈양촌집 陽村集〉을 살펴보면 다음과 같은 기록이 있다. "서기 930년 태조 왕건이
안동 하회마을 부근 병산 서원에서 견훤 군사를 크게 무찔렀으며.
이때 안동의 지방 유지들 외에도 당시 영해부를 관리하던 영해 박씨들이
토호세력으로서 전투를 도왔다"는 것이다. 이에 대한 보답으로 왕건(王建,
877~943)이 영해와 영덕을 들러서 경주로 갔으며, 이때 왕건이 지금의 축산면
경정리 차유마을에서 영덕대게를 처음 먹어본 것으로 전해지고 있다.
그 뛰어난 맛을 인정받은 영덕대게는 조선시대에 이르기까지 임금님의 수라상에
진상되는 진상품으로 자리 잡았다. 조선 초기에 지방특산품을 중앙에 조공할 때
임금의 수랏상에 대게를 올려 맛보게 하였다. 그러나 당시 대게를 먹는 임금의
자태가 근엄하지 못하여 한동안 수랏상에 대게를 올리지 않았다. 그러나 대게의
특별한 맛이 생각난 임금이 신하에게 다시 대게를 찾아오라고 명하였다.
임금의 명을 받은 신하가 게를 찾기 위해 궁궐 밖으로 나와 수개월째 헤매던 끝에.
지금의 동해 영덕군 축산면 죽도(竹島)에서 한 어부가 잡은 게를 찾게 되었다.
**경남 남해 | 유자** 동짓달에 귤과 함께 진상되던 음식으로 조선시대에 유자는
색을 내는 고명이나 향을 내는 조미료로 사용되었다.

# 조선의 군주, 밥상으로 통(通)하다

　밥상을 통해 백성과 소통하고자 했던 조선 임금의 의지를 보여주는 것은 비단 소박한 수라상에만 국한되지 않는다. 가뭄이나 태풍 같은 천재지변이나 돌림병으로 인해 백성이 고통받을 때면 임금의 밥상 역시 수난을 겪어야 했다. 백성의 고통을 함께 나누기 위해 임금은 반찬의 가짓수를 줄이는 감선(減膳)과 고기음식을 물리는 철선(撤膳)을 행했다는 사실도 다큐멘터리를 촬영하면서 새로이 알게 됐다. 성종(成宗, 1457~1494) 12년 7월에 가뭄으로 인해 조선의 만백성이 몸살을 앓고 있었다. 성종은 "중궁전과 대전에 오르는 점심은 수반상을 올리라"고 승정원에 전교를 내린다. 수반상이란 오늘날로 치면 물에 말은 밥이다. 흰 쌀밥을 물에 말고 반찬으로는 약고추장과 말린 굴비, 무생채가 전부였다. 비단 성종의 일화만은 아니다. 〈조선왕조실록〉에는 무려 천 회가 넘는 감선 기록이 등장한다. 한 번 감선을 하면 짧게는 사나흘, 길게는 일주일에서 열흘 동안 시행됐다고 한다. 자식이 아프면 그 자식보다 더 아픈 것이 어버이의 마음이요, 자식이 굶고 있으면 진수성찬을 앞에 두고도 넘기지 못하는 것이 어버이의 사랑이다. 감선제도만 봐도 조선의 임금은 만백성 위에 군림하는 군주가 아닌 만백성의 어버이고자 했음이 느껴지는 것 같다. 신병주 교수님은 "조선왕조는 왕권이 강력했던 나라도 아니고, 대외적으로 힘이 있는 나라도 아니었지만, 무려 500년 동안 이 땅을 통치했습니다. 500년은 상당히 긴 기간입니다. 그 이면에는 바로 백성을 자식처럼 보살펴야 한다는 성리학의 정신이 있었기 때문인지도 모릅니다."라고 이야기한다. 하지만 조선시대의 모든 임금이 감선과 철선 제도를 철저히 지킨 것은 아니었다. 조선왕조 500년 동안 스물일곱 명의 임금이 있었다. 그들 중에는 성군도 있었겠지만 폭군도 있었다. 그런데 참으로 기이한 건 스물일곱 명의 임금 중 단 두 명의 임금만이 감선의 기록을 남기지 않았다고 한다. 바로 연산군(燕山君, 1476~1506)과 광해군(光海君, 1575~1641)이다.

숙종조 7년 (신유년 1681년) 〈국조보감〉

"지진의 이번까지 며칠 사이에 거듭 일어나고 있으니 그 무슨 재화가 깜깜한 속에 잠복해 있기에
인자하신 하늘이 그렇게도 자상하고 또록또록하게 경고를 내리시는 것이란 말인가.
가만히 생각해 보면 죄는 나 한 사람에게 있는 것이어서 밥을 먹어도 잠을 자도 편치 않고 어떻게 해야 할지를 모르겠다.
승지는 나대신 교서를 초안해서 바른 말을 다 방면으로 구하여 나의 부족한 점을 바로잡아 주도록 하고 그 밖의
감선(減膳)·철악(撤樂)·금주(禁酒) 등등도 해조로 하여금 지금 당장 거행하도록 하라."

영조조 47년 (신묘년 1771년) 〈국조보감〉

5월 가뭄이 들었다. 상이 여섯 가지 일로 자신을 꾸짖고 감선하도록 명하였다.
비가 내리게 되자 예조가 복선하도록 청하였는데, 상이 이르기를
"각도에 고르게 내렸는지 알 수 없다." 하고 허락하지 않았다.

정조 19년 을묘 (1795년 10월 17일) 〈조선왕조실록〉

"나 한 사람이 덕이 부족하여 하늘의 마음을 제대로 기쁘게 해드리지 못한 탓으로 불안하고
좋지 못한 현상이 때 아닌 때에 일어났으니 재변을 소멸시키고
좋은 방향으로 돌리는 방책에 있어서는 무엇보다도 나 자신에게 책임을 돌려야 할 것이다.
오늘부터 3일 동안 감선을 하도록 하라."

순조 28년 (무자년, 1828년) 〈국조보감〉

10월 하교하기를 "7~8일 사이에 두 번이나 겨울 천둥이 치는 경고가 있었다.
재변이란 괜히 생기는 것이 아니다. 나에게 잘못이 있어서이니 두렵고 떨리는 마음이 전보다 배나 더하다.
감선하고 5일간 정전(正殿)을 피하여 있겠다." 하였다.

# 〈조선왕조실록〉과 〈국조보감 國朝寶鑑〉에 등장하는 감선 기록

〈조선왕조실록〉과 〈국조보감〉에 등장하는 감선 기록들이다. 나라에 흉한 일이 있을 때마다 백성을 먼저 생각했던 임금. 마치 드라마의 한 장면을 보듯 도승지와 임금의 대화를 머리 속에 그려보면 나도 모르게 가슴이 뜨거워지고 뭉클해진다.

세종 22년 (1440년 4월 22일)

"가뭄이 너무 심하여 장래가 염려되니, 내가 감선을 하고자 한다" 하니 좌승지(左承旨) 성염조(成念祖)가 아뢰기를 "금년에 가뭄이 너무 심한 지경에 이르지 않고 화곡도 또한 마르지 않았으니 감선을 정지하시기를 청합니다." 하매 임금이 말하기를 "서서히 천기를 보아서 감선하겠다."

성종 12년 (1481년 7월 12일) 〈조선왕조실록〉

승정원에 전교(傳敎)하기를 "가뭄이 이미 매우 심하니 오전에 진상하는 어육(魚肉)을 감면하고, 또 나와 중궁(中宮)의 낮수라는 수반만 올리라 하라." 하니 승정원과 사옹원 제조가 경기(경기도)에서 진상하는 것을 감면하지 말 것을 청하였으나 들어주지 않았다.

제 二 장

왕의 밥상에서 서민의 밥상까지

바람에서, 햇살에서 느껴지는 미묘한 변화. 문호리에서는 계절이 들고 나는 것을 더 가까이 느끼게 된다. 가로수가 물들어야 비로소 가을임을 실감하게 되는 도시와는 달리, 시골의 가을은 길가의 들꽃 한 송이, 풀벌레의 울음소리, 그리고 영글어가는 곡식과 열매 하나하나까지 가을의 전령사가 된다.

골목 끝, 이웃 할머니께서 고구마를 수확하신다기에 쌍둥이와 함께 소일삼아 할머니 텃밭에 갔다. 할머니가 쓱쓱 몇 번 호미질만 하면 어른주먹만 한 고구마가 주렁주렁 매달린 넝쿨이 쑤욱 빠져나오는데, 왜 내가 호미질을 하면 족족 고구마가 동강동강 잘려 나오는 건지 알다가도 모를 일이다.

고구마 한 줄 캐는 것도 노하우가 필요한 것 같다. 그래도 제가 캔 것, 아저씨가 캔 것까지 모조리 우리 집 바구니로 들고 나른 쌍둥이들 덕에 우리 집 바구니는 금세 채워졌다. 할머니네뿐 아니라 이 집 저 집 수확한 것들을 나눠주는 이웃들로 인해 가을의 풍요로움을 만끽하게 되는 것도 도시와는 다른 점이다. 그렇게 가을이 무르익어 갈 무렵 나는 또 다른 조선시대의 밥상을 찾아 경상북도 영양으로 떠났다.

# 360년, 반가의 밥상을 찾아 떠난 여행

어스름한 새벽에 집을 나선 지 무려 5시간, 차 안에서 꾸벅꾸벅 졸다보니 어느새 경상북도 영양 두들마을에 도착했다. 색동옷을 입고 선 고목들 사이로 손을 뻗으면 닿을 듯이 처마와 처마가 마주 보고 있는 한옥의 행렬이 고풍스런 분위기를 자아내는 마을. 이 마을의 가장 안쪽에 재령 이씨(材齡 李氏) 집안의 종가가 있다. 검붉은 담쟁이 넝쿨이 감싸 안은 토담을 지나 대문 안으로 들어서자 330년 전 조선시대의 사랑채가 눈에 들어온다. 그 시대 주방의 비밀을 캐내기에 이보다 적합한 곳이 또 있으랴. 재령 이씨 집안의 13대 종부이신 조귀분 여사님의 안내를 받아 330년 전 조선시대의 요리비법이 담긴 서책 〈음식디미방〉과 마주했다. 〈음식디미방〉은 330여 년 전, 석계 이시명(石溪 李時明, 1590~1674) 선생의 부인이었던 안동 장씨 부인(장계향, 1598~1680)이 저술한 음식 조리서이다. 동아시아 최초의 여성 조리서로 알려진 이 책에는 국수, 만두, 떡 같은 면병류에서부터 어육류, 채소류는 물론 술 담그는 법과 장 담그는 법까지 무려 146가지의 음식 조리법이 담겨있다. 자식 열을 키우고 환갑, 진갑이 넘어서 안동 장씨 부인은 이 책을 쓰셨다 하니 그 열의와 노고에 감탄하지 않을 수 없다. 책의 말미에는 "이 책이 이리 눈 어두운데 간신히 썼으니 이 뜻을 알아 이대로 시행하고 딸자식은 각각 베껴가되 이 책을 가져갈 생각일랑 마음도 먹지 말며 부디 상하지 않게 간수하여 쉽게 떨어지게 하지 말라"라는 신신당부의 말을 적어 두셨다. 이 글귀를 보니 가문의 전통을 이어가고자 했던 할머님의 마음이 고

안동 장씨가 쓴 330년 전, 동아시아 최초의 여성 조리서 〈음식디미방〉과 마주하다.

스란히 전해져오는 것 같다. 안동 장씨 할머니의 노고 덕분에 나 같은 이가 300년 전의 음식을 머릿속에 그려볼 수 있으니 얼마나 감사하고 다행스런 일인지 모른다.

성궤를 발견한 레이더스의 주인공 해리슨 포드의 심정으로 〈음식디미방〉의 책장을 조심스럽게 넘겨보니 여기저기 흥미로운 구절들이 눈에 띈다.

"싱싱하고 간이 베이지 않은 전복을 참기름을 발라 단지에 가득히 넣고 참기름 한잔을 부어두면 오래 되어도 생것처럼 싱싱하다."

"밀가루로 죽을 쑤어 죽에 약간의 소금을 섞고서 새 독에 담는다. 복숭아를 죽 가운데 넣어 단단히 봉해두면 겨울철에 먹어도 제철에 먹는 것과 같다."

냉장고가 없던 시절 아니던가? 전복 같은 해물이며 복숭아처럼 쉬 물러지는 과일들을 보관하는 게 쉽지 않았을 텐데, 할머님은 그런 재료들을 싱싱하게 보관할 수 있는 노하우를 책에 담아두셨다. 책에 담긴 것이 어디 지혜뿐일까? 할머님의 손맛을 느낄 수 있는 구절도 있다.

"연어 알은 볕에 말려 두고 쓸 때에 물에 담갔다가 간장국에 달인다. 또 작은 단지에 넣어 장독에 묻었다가 쓰기도 하고 소금을 많이 하여 담갔다가 쓰기도 한다." 당시 궁중과 양반가에서 즐겨 먹었다던 연어 알을 보관하고 조리하는 비법이다. 소고기를 맛있게 삶는 법도 적어 두셨다.

"센 불로 달여 물이 끓어오르면 소고기를 조심스럽게 넣은 후 약한 불로 줄여 달인다. 이때 뚜껑을 덮지 않아야 고기에 독성이 생기지 않는다. 만일 늙어서 질긴 고기라면, 부순 살구씨와 갈잎 한 줌을 한데 넣고 삶으면 고기가 잘 무르고 연해진다."

몇 구절만 읽어봐도 안동 장씨 할머니의 음식 솜씨가 〈대장금〉 못지않았음을 짐작해 볼 수 있다. 조귀분 여사님과 '음식디미방 보존연구회' 회원 분들의 도움을 받아 안동 장씨 할머니의 손맛을 배워보기로 했다. 조리서로 할머님의 필담을 먼저 접해서인지 궁중음식을 배울 때와는 또 다른 설렘이 나를 감싼다. 오늘 배울 음식은 모두 다섯 가지. 빈자법, 잡채, 동아 누르미, 어만두, 연계찜이다.

# 빈대떡의 효시, 빈자법

껍질을 벗긴 녹두가루의 반죽을 뜨거운 프라이팬 위에 두르고 그 위에 꿀로 반죽한 팥소(껍질을 벗긴 흰 팥소)를 얹은 후 다시 녹두반죽으로 덮어 노릇하게 지져내면 이것이 곧 빈자법이다. 고소하고도 달콤한 맛에 홀려 나의 식탐에 슬슬 발동이 걸리기 시작했다. 게다가 단맛을 즐기는 내게는 꿀에 절인 팥의 달콤함을 떨쳐내기가 쉽지 않았다. 프라이팬에서 지져내기가 무섭게 젓가락 들 새도 없이 손으로 덥석덥석 집어내자, 돌아갈 때 재료까지 싸주시겠다는 조귀분 여사님의 넉넉한 인심. 음식 하는 분들은 마음까지도 후하신 모양이다. 집에 돌아와 아이들에게 해주면 웬만한 떡이나 빵보다 나은 간식거리가 될 듯하다.

그런데 난생 처음 보는 이 빈자법이라는 음식이 우리가 즐겨 먹는 빈대떡의 효시였다고 이야기보따리를 풀어놓으신다. 요즘에는 빈대떡을 찬으로 치지만 조선시대 빈자법은 떡류에 속하는 음식이란다.

대전보건대학교 전통조리학과 김상보 교수님은 1634년에 편찬된 〈영접도감 의궤 迎接都監儀軌〉에 명나라 사신의 접대에 내놓은 음식 중 병자(餠煮)라는 음식이 기록되어 있다고 말한다. 녹두를 맷돌에 갈아 참기름에 부쳐낸 것이 병자라는 음식이라고 한다. 그런데 10년 후에 또 다른 〈영접도감의궤〉에서는 똑같은 음식이 녹두병이라는 이름으로 등장한다고 이야기한다. 그런데 〈음식디미방〉은 그보다 이후에 씌여진 조리서로 〈음식디미방〉에서의 '빈자법'은 녹두부침에 팥소를 넣는 것이 이전의 병자와는 다른 점이다.

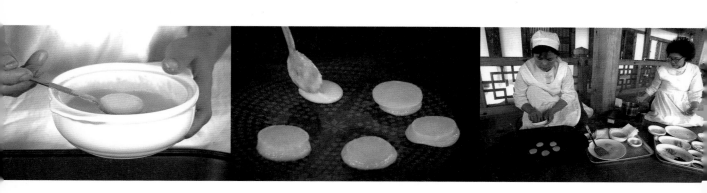

　그런데 빈자법이 어떻게 오늘날의 빈대떡으로 변화한 것일까? 여기에는 여러 가지 속설이 있다. 팥소 대신 갖은 채소와 나물을 넣어 그 양을 늘려 먹다보니 빈자법이 빈대떡이 됐다고 말씀하신다.

　그 이름의 유래도 재미있다. 어떤 책에서는 빈자법이라는 이름이 중국 떡의 일종인 병자(餠者)에서 왔다는데 이것이 후일 빈자(貧者), 즉 가난한 사람들이 먹는 떡이라 하여 빈대떡으로 변했다는 설도 있고, 빈대가 많아 빈대골이라 불렸던 서울 정동에 부침개 장수가 많아 빈자떡이 빈대떡으로 변화했다는 설도 있다 한다. 이름의 변천사야 어찌됐건 오늘날 서민의 대표적인 음식으로 자리 잡은 빈대떡이 조선시대에는 양반가나 궁중에서 손님상에나 오르던 귀한 음식이었다니 이 또한 신기한 일이다.

# 꿩고기를 넣어 궁중에서 즐겨 먹던 잡채

　한국인의 잔칫상에 빠지지 않는 국민요리, 잡채. 그런데 우리가 잡채를 만들면서 당면을 쓰기 시작한 역사는 100년도 채 되지 않는다. 당면은 '호면'이라 하여 원래 중국에서 유래된 면이다. 1919년 일본인이 황해도에 당면 공장을 세우고 당면을 대량으로 생산해내면서 당면이 우리의 밥상에 오르게 됐고 잡채에 당면이 들어간 것도 그 이후의 일이다. 그렇다면 조선시대의 잡채는 어떤 모습을 하고 있을까?

　종부님께서 내놓은 음식은 지금의 잡채와는 사뭇 다르다. 본디 잡채의 '잡(雜)'은 섞는다는 의미이고, '채(菜)'는 채소를 뜻한다. 이름에서 느껴지듯이 '잡채'의 원형은 다양한 채소를 한데 섞어놓은 음식이었다. 〈음식디미방〉에는 잡채의 재료로 오이채, 무, 참버섯, 석이버섯, 송이버섯, 숙주나물에 도라지, 마른 박고지, 냉이, 파와 두릅, 고사리에 시금치 동아, 그리고 가지를 언급하고 있다. 스무 가지나 되는 채소가 열거되어 있지만 계절에 따라 들어가거나 빠지는 채소가 있었다고 한다.

　일단 이 채소들을 요새로 치면 3.3센티 정도로 잘라 각각 볶아둔다. 여기에 당면 대신 넣는 것이 있으니 꿩고기다. 꿩고기를 삶아 가늘게 찢어 넣은 후 즙을 뿌려 먹는데, 잘 우려낸 꿩 육수에 진간장과 참기름, 그리고 밀가루, 후추를 넣어 걸쭉하게 만든 것이 바로 즙이다. 갖가지 채소와 꿩고기가 한데 어우러져 만들어내는 독특한 식감과 담백하고도 개운한 뒷맛이 일품이다. 그 개운한 맛에 반해서였을까? 광해군은 수라상에 잡채가 올라야만 수저를 뜰 정도로 잡채를 유별나게 좋아했다고 하니 잡채 역시 궁중에서 즐겨 먹는 음식이었던 것이다.

# 〈음식디미방〉에서 본 반가의 음식, 어만두

지금이야 만두는 흔하디흔한, 그래서 요리 축에도 끼지 못하는 음식이지만 조선시대에는 아주 귀한 대접을 받았던 음식이다. 조선시대 대부분의 만두는 밀가루로 만든 피가 아닌 메밀가루로 만든 피를 사용했다. 지금이야 메밀가루보다 싸고 흔한 것이 밀가루이지만 100년 전까지만 해도 밀을 중국 화북(華北) 지방에서 수입해야 했으니 금가루만큼이나 비싼 식재료였다. 그러다보니 밀가루로 빚은 면이나 만두는 궁궐에서조차 아주 특별한 날에만 먹는 별식 중에 별식이었다.

〈대장금〉에서 장금이와 금영이가 만두를 놓고 경합을 벌이는 장면이 있었다. 그런데 장금이가 그 귀한 진가루(오늘날의 밀가루)를 잃어버리면서 만두피를 만들지 못할 위기에 처한다. 그때 장금이는 기지를 발휘해 숭채(오늘날의 배추)로 피를 만들고 속에 단호박을 넣은 '숭채만두'라는 것을 만들어낸다. 하지만 귀한 진가루를 잃어버렸다는 이유로 경합에서 탈락의 고배를 마셨던 기억이 난다. 지금 생각해보니 배추로 피를 만들었던 장금이의 아이디어는 참으로 그럴싸한 이야기이다. 조선시대라도 음식전문가라면 누구나 구하기 힘든 진가루(밀가루)를 대체할만한 것을 찾지 않았을까? 〈음식디미방〉에 나와 있는 어만두 역시 밀가루나 메밀이 아닌 숭어의 살을 만두피로 이용하는 독특한 음식이다.

숭어의 살을 얇게 저미고 여기에 칼집을 넣어 만두피를 만든다. 그리고 다진 소고기와 석이버섯, 잣가루를 볶아 속을 만들어둔다. 볶은 재료를 저민 숭어살 위에 놓고 녹말가루를 발라가며 단단히 말아 초승달 모양으로 날렵하게 만들어낸

조선시대에는
밀가루로 만든
만두보다 더
흔했던 것이
어만두였다.

후 찜통에 쪄내면 이것이 곧 어만두다. 밀가루가 흔해진 요새는 찾아보기 힘든 만두지만 조선시대에는 밀가루로 만든 만두보다 더 흔했던 것이 이 어만두였다.

그 밖에도 된장과 생강, 후추, 산초가루를 어린 닭 속에 넣고 찐 연계찜이라든지, 동아(박과의 한해살이 식물)의 살을 저미고 갖은 버섯과 무화채를 동아살에 말아내는 동아누르미, 계란을 넣어 반죽한 국수를 꿩 육수에 말아 먹는 난면도 있다. 〈음식디미방〉에 등장하는 음식들을 처음 접한 이들에게는 음식명도, 조리법도 낯설 것이다. 300년이 흐르는 동안 우리의 밥상에 오르는 식재료도 또 그 맛을 즐기는 사람들의 입맛도 변했다. 〈음식디미방〉의 음식이 생소하게 느껴지는 것은 당연한 일이다. 하지만 내게는 이 음식들이 그리 낯설게 느껴지지 않는다. 10년 전 대장금을 연기하면서 드라마 속에 등장했던 음식도 있고 지난여름 궁중음식을 배우면서 접했던 음식들도 있기 때문이다.

그리고 보니 조선시대의 궁중음식과 두들마을에서 만난 재령 이씨 집안의 음식들이 참으로 비슷하다. 궁궐이 있던 한양에서 경상북도 영양까지는 300킬로미터가 넘는 거리이다. 지금이야 인터넷과 텔레비전을 통해 전국 팔도의 맛집과 별미는 물론 지구 반대편에 있는 음식들조차 편히 접하게 된 세상이지만 300년 전 300킬로미터라는 거리는 지구에서 달만큼이나 멀게 느껴졌던 거리가 아니던가? 그런데 어떻게 수라상에 오르던 음식의 조리법이 경상북도의 양반가까지 고스란히 전해지게 된 것인지 그 연유가 궁금해진다. 조선시대의 음식문화를 알아가면 알아갈수록 수많은 퍼즐 조각을 앞에 둔 어린아이가 된 심정이다. 퍼즐 조각들이 하나하나 자리를 찾아 맞춰지면 어떤 형체를 드러낼지 궁금해진다.

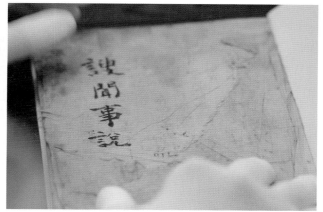

# 반가 음식의 비밀이 깃든 〈소문사설〉에 빠지다

내가 연예계에 데뷔한 때가 1990년이니 벌써 25년째에 접어든다. 사실 얼굴이 알려지기 시작하면서 도서관을 갈 일이 거의 없었던 것 같다. 물론 데뷔한 이후에도 석사학위를 밟는 동안에 학교 도서관을 몇 번 찾은 적이 있지만 이젠 그조차도 기억이 가물가물하다. 그런데 이번 다큐멘터리를 촬영하면서 도서관을, 그것도 대한민국에서 가장 많은 이들이 찾는다는 중앙도서관을 몇 번이나 찾았더랬다. 다행히 내가 찾는 고문서실에는 인적이 드물고 몇 되지 않는 이들조차 책에 빠져 있는지라 나를 알아보는 이가 거의 없었다.

중앙 도서관을 찾을 때마다 도서관 사서나 문헌 전문가의 도움을 받곤 했다. 사실 고문서라는 것이 제 아무리 음식이라는 말랑말랑한 이야기를 담고 있다손 치더라도 썩 재미있거나 흥미로운 내용은 아니다. 어떤 책은 한 줄 한 줄을 짚어가며 해설까지 덧붙이는 사서에게 혹은 전문가에게 미안할 정도로 지루한 것도 있고 몇 번을 들여다보아도 머릿속에 들어오지 않는 것도 있다.

물론 예외도 있다. 〈소문사설 謏聞事設〉이 바로 그런 책이다. 〈소문사설〉을 한마디로 표현하면 18세기 버전의 백과사전이라고 해야 할까? 〈소문사설〉을 펼치는 순간 나는 18세기의 낯설고도 신기한 세상으로 여행을 떠나온 듯 착각에 빠져든다.

숙종의 어의를 지냈던 이시필(李時弼, 1657~1724)이 주위에서 보고 들은 소소하고 자잘한 이야기들을 적어놓은 것이 〈소문사설〉이다. 이 책에서는 당시 해외에서 조선에 들어온 갖가지 신기한 물건들에서부터 다양한 질병의 치료법, 그리고 당시 양반가에서 즐겨 먹던 음식과 그 음식의 조리법에 관한 이야기들이 담겨있다.

물론 나의 최대 관심사는 음식! 이시필은 갖가지 음식에 관한 이야기를 〈식치방 食治方〉이라는 항목에 따로 정리해 두었는데 〈식치방〉에는 조선시대의 신기하고도 기이한 음식 이야기들이 가득하다. 게다가 이시필의 위트 있는 글귀 덕분에 책을 읽는 재미도 쏠쏠하다. 〈소문사설〉에 등장하는 음식들 중 흥미로운 음식 몇 가지를 소개하고자 한다.

'계단탕!' 혹시 들어본 이가 있는가? 처음에는 계단탕이 계란탕을 이르는 말인 줄 알았다. 그런데 계란탕과는 전혀 다른 음식이다. 이시필은 "내가 연경(燕京)에 갔을 때 일찍이 이것을 맛보았다. 그 맛이 가볍고 연하고 담백하였는데 이것을 우리나라에 들어와 만들었다. 연경의 음식은 모두 돼지기름으로 익혀서 만들지만 돼지기름 대신 참기름으로 익혀보니 돼지기름의 허전하고 거친 것 같은 거부감이 없었다."며 계단탕의 조리법을 소개하고 있다. 달궈진 냄비에 넉넉히 참기름을 두른 후 미리 풀어둔 달걀을 냄비에 넣어 익혀 먹는 이 음식은 18세기 연경에서 유행했다는 계단탕이라는 음식이다. 후일 궁중음식연구원을 찾아가 한복려 선생님께 계단탕의 재현을 부탁했는데 마치 그 조리법은 달걀 프라이와 비슷하고 그 모양새는 서양의 스크램블을 떠올리게 한다. 조선시대에도 달걀 프라이나 스크램블이 있었다는 사실이 신기할 따름이다.

어디 그뿐인가? 일본에서 먹어본 음식으로 '가마보곶(可麻甫串)'을 소개하고 있다. 〈소문사설〉에 등장하는 '가마보곶'은 요즘 우리가 먹는 어묵과는 조리법에서 다소 차이가 있다. "물고기의 살을 얇게 저민 후 돼지고기, 소고기, 버섯, 해삼, 파, 고추 등을 다져 만든 소를 올려 두루마리를 말듯이 둥글게 말아서 삶아 먹는다." 이 글귀에 적힌 대로라면 갖은 재료를 생선살로 김밥 말듯 돌돌 말아

계단탕은 조리법이 달걀 프라이와 비슷하고 그 모양새는 서양의 스크램블을 떠올리게 한다.

이를 쪄서 먹었다는 것인데 당시 일본식 어묵은 생선살을 갈아 만든 것이 아니라 생선말이에 가까운 형태였던 것 같다. 그 밖에도 일본에서 들어왔다는 서국미(西國米)와 심양(沁陽, 중국 허난성 북부지역)에서 맛보았다는 증돈(蒸豚, 삶은 돼지)도 등장한다. 조선시대 500년 동안 밥상에 가장 많은 변화가 있었던 시기가 바로 조선후기라고 한다. 조선후기에 들어서면서 청나라와 왜를 오가는 무역이 번성했고 다양한 조리도구와 외국의 식재료들이 들어오면서 우리의 밥상도 변화하기 시작했다. 궁중음식의 대표주자로 알려진 '신선로', 그 신선로라는 음식이 최초로 등장한 것도 〈소문사설〉이라니 아마도 조선후기에 들어서야 탄생된 음식인 듯하다.

앞서 얘기했듯이 장금이를 연기하기 전, 한복려 선생님께 스무 가지가 넘는 궁중음식을 배웠더랬다. 그 중에서도 가장 기억에 남는 음식 중에 하나가 신선로였다. 기자나 지인들이 내게 "궁중음식 중 직접할 수 있는 음식이 무엇인가?"라고 물어올 때면 늘 신선로를 제일 앞에 세우곤 했다. 그도 그럴 것이 본디 궁중음식 하면 제일 먼저 떠오르는 음식이 신선로일 뿐 아니라 호화로운 자태로 보나, 들어가는 품이나 재료의 다양성 그 무엇을 놓고 봐도 신선로를 따라갈 음식이 없기 때문이다. 돼지고기로 빚은 고기완자와 소고기는 물론 소의 양과 간, 심장이 들어가고 여기에 생선과 홍합, 해삼이 더해지고 마늘, 토란, 버섯, 미나리에 이르기까지 온갖 산해진미가 모두 들어가는 것이 신선로다. 뿐만 아니라 그릇 한 가운데 솟아 있는 기둥 안에 숯을 넣어 즉석에서 익혀 먹는 탕이다 보니 제법 운치도 있다. 그런데 본디 신선로라는 이름은 화통이 붙은 냄비의 이름이지 음식의 이름이 아니었단다. 원래 음식의 이름은 '열구자탕(悅口子湯)', 뜻을

신선로는
〈소문사설〉에
최초로 등장한
음식으로
조선후기에 탄생된
음식인 듯하다.

풀이하면 '입에 맞는 맛있는 탕' 정도로 해석할 수 있겠다. 열구자탕이 신선로라 불리기 시작한 것도 1900년대에 들어서라고 하니 〈소문사설〉에는 당연히 신선로가 아닌 열구자탕이라는 이름으로 기록되어 있다. 이시필은 〈소문사설〉에서 이 신선로라는 그릇이 중국에서 전래됐으며 이 그릇에 끓인 열구자탕이 야외 모임이나 겨울밤에 모여 앉아 술자리를 벌일 때 매우 좋다고 설명하고 있다. 재미있는 것은 이 음식은 혼자 먹으면 맛이 없고 여럿이 모여 함께 나눠 먹어야 맛이 좋다고 덧붙여 놓았다는 것이다.

〈소문사설〉을 읽다 보니 예전에 중국에 갔을 때 맛봤던 '훠궈'가 생각난다. 훠궈의 그릇과 신선로의 그릇은 매우 흡사한데 그릇 가운데 화통이 있는 것 하며 화통 주변의 움푹한 곳에 국물을 넣는 것도 흡사하다. 단지 모든 재료를 함께 넣어 끓여 먹는 신선로와는 달리, 훠궈는 각종 채소와 소고기 혹은 양고기를 뜨거운 국물에 넣어 익혀 먹는 방식이다. 한마디로 중국식 샤브샤브라고나 할까? 조리의 방식도 들어가는 재료도 맛도 다르지만, 수백년 전 같은 그릇을 보고 중국인들은 훠궈라는 음식을, 한국인들은 신선로라는 음식을 개발해낸 것이 아닐까 싶다.

반가의 음식과 궁궐의 음식이 어찌하여 다르지 않았는지, 그 실마리를 풀어주는 것도 바로 〈소문사설〉이다. 동서고금을 막론하고 주방에서 조리를 하는 셰프가 명성을 얻기 시작한 것은 얼마 되지 않은 일이다. 불과 100여 년 전만 해도 주방에서 요리를 전담하는 사람들은 미천한 신분을 갖고 있었기에 제 아무리 별난 음식을 내놓는다 해도 그들의 이름을 일일이 기억해주는 이가 없었다. 그런데 이시필은 직위 고하를 막론하고 음식을 만드는 이를 기억하고자 했다. 붕어구이는 사복시(司僕寺, 조선시대의 여마(輿馬)·구목(廐牧) 및 목장에 관한 일을 관장하기 위해 설치되었던 기구)에서 거달(巨達, 조선시대 사복시에서 말을 맡아보던 하급관리)로 일하던 '지연남'이 만들었다고 적혀있고, 또 붕어찜은 자학

원에서 주부 벼슬을 지낸 '민계수'라는 사람의 집에 있던 노비 '차순'이 만들었다고 적혀있다. 어떤 음식을 누가 개발했는지 또 이 음식을 배워간 이가 누구인지, 그리고 그 맛은 어땠는지까지 상세히 적어놓은 걸 보면 이시필은 꽤나 자상하고 꼼꼼하셨던 분인 것 같다. 덕분에 어떤 음식이 어디서 어떻게 전해졌는지 알 수 있는 자료가 되고 있으니 얼굴도 뵙지 못한 이시필이란 분이 그저 고마울 따름이다.

〈소문사설〉에는 '황자계혼돈'이라는 음식이 등장하는데 이름이 참 난해하기도 하다. 여기서 '황자계'란 누런 암탉과 꿩을 의미하고 '혼돈'이란 만두를 뜻한다. 이름에서 알 수 있듯이 누런 암탉과 꿩의 살을 발라 빚은 만두를 황자계혼돈이라고 한다. 그렇게 빚은 만두는 육수에 담가 먹는 일종의 물만두와 비슷한 음식이다. 이 음식을 사옹원(司饔院, 조선시대 임금의 식사와 대궐 안의 식사 공급에 관한 일을 관장하기 위하여 설치되었던 기구)에서 일하는 '권타석'이 만들었고 이것을 궁중요리사인 숙수 '넉쇄'와 '이돌이'가 배워서 터득했다고 적혀있다. 반가의 맛난 음식이 궁중으로 전해졌음을 알 수 있는 대목인데 그렇게 전해진 것은 황자계혼돈뿐만이 아니다.

〈소문사설〉에는 임금께 올렸다는 음식에 관한 기록이 다수 등장한다. 맛이 좋아 임금께 낙점을 받아 올렸다는 동아찜, 숙수 '박이돌'이 만들어 수라상에 내놓았다는 토란떡, 용체가 허약해진 경종(景宗, 1688~1724)의 기를 보하기 위해 올렸다는 붕어죽도 낙점의 반열에 오른 음식이다.

〈소문사설〉에는 늙은 암탉과 꿩의 살을 발라 만두를 빚어 육수에 담가 먹는 일종의 물만두와 비슷한 황자계혼돈이 소개되어 있다.

# 임금께 진상된 음식들 (《소문사설》 발췌)

동과증(동아찜)

자그마한 동아에 구멍을 뚫고 속을 파낸 뒤 꿩, 닭, 돼지고기 등 갖은 재료와 기름장 약간과 붕어찜을 넣어 속을 채운다.

그것을 종이로 싸서 주위에 흙을 발라 은근한 불에 묻었다가 그 속에서 익힌다.

꺼내면 동아가 진흙처럼 부드러워진다.

우병(토란떡)

부드럽고 좋은 토란을 새로 캐서 재빨리 씻은 후 뚜껑을 열지 말고 푹 익힌다.

완전히 익으면 여러 사람이 껍질을 벗겨 꿀을 넣고 대꼬챙이로 마구 찔러 꿀이 잘 스며들게 한다.

익은 밤가루나 잣가루로 옷을 입혀 따뜻할 때 먹는다.

외부어(붕어구이)

큰 붕어의 배를 갈라 내장을 제거하고 비늘은 버리지 말고 깨끗이 씻는다.

그것을 황토 진흙으로 단단히 싸고, 종이로 또 싼 뒤에 다시 새끼로 묶어 은근한 불에 익혀내면 비늘껍질이 살에서 저절로 떨어져 나간다. 고기를 그릇에 담아 소금을 뿌려 따뜻할 때 먹으면 매우 맛이 좋다.

황자계혼돈

누런 암탉 두 마리와 꿩 한 마리를 삶아 고기를 발라낸다. 발라낸 고기에 송이버섯과 파, 마늘을 넣고 다진 후 기름장을 넣고 볶아서 소를 만들어둔다. 밀가루를 반죽하여 종이처럼 얇은 만두피를 만들어두고 소를 넣어 혼돈을 빚는다. 닭과 꿩 삶은 국물에 만두를 넣고 한소끔 끓어 오르면 탕이 반사발이 되도록 만두와 화합되게 담는다. 먹을 때, 파와 마늘을 넣은 초장을 곁들이면 맛이 더 좋다.

우분죽(연근죽)

연뿌리를 뽑아서 중간에 해당하는 가는 줄기는 버리고, 양쪽 끝부분만 잘라 깨끗이 씻어 껍질을 벗기고, 얇은 편으로 썰어 햇볕에 말린 후 맷돌에 간다. 이것을 채에 내려 가루 1냥과 엿가루 2전을 그릇에 담아 찬물을 조금 넣고 고르게 섞은 다음 뜨거운 물을 흘려 부으면서 젓는다. 붕어를 깨끗이 씻어서 수건으로 닦아 물기를 없앤 후 살코기를 발라내어 부드러워질 때까지 다진 다음 체에 내린다. 먼저 묽은 장국을 끓여 고운 원미죽(쌀을 갈아 싸라기로만 쑨 죽에 설탕, 약소주를 타고 얼음으로 차게 식힌 죽)을 끓인 후 곱게 다진 붕어살을 원미죽 속에 넣고 저어주면서 죽을 만든다.

# 왕가와 반가, 음식으로 정을 나누다

맛나고 별난 음식을 아래서 위로 올리는 것은 그리 놀라운 사실은 아니다. 예나 지금이나 동서양을 막론하고 좋고 귀한 것은 늘 권력자의 앞에 놓이는 것이 당연한 이치 아닌가? 그런데 〈이영애의 만찬〉의 자문을 맡아주신 호서대학교 정혜경 교수님은 조선시대의 음식이 아래서 위로만 진상된 것이 아니라, 위에서 아래로 내려오기도 했다고 말씀하신다. 또한 상하 간의 음식교류를 이야기하기 전에 조선시대라는 사회의 특성을 알아야 한다고 운을 띄우셨다.

조선시대는 강력한 왕권의 나라가 아니었다. 오히려 선비의 나라, 사대부의 나라라는 표현이 맞을 만큼 사대부의 문화가 발달한 나라였다. 때문에 왕가와 사대부 사이에서 빈번한 문화교류가 이뤄졌는데 그 중에서도 유독 음식을 통한 교류가 활발했다고 한다. 덕분에 반가에서 별미로 여겼던 음식이 궁중으로 전해지기도 하고, 궁중에서만 먹던 귀한 음식이 반가로 내려오기도 했다는데 조선시대의 다양한 음식문화의 이면에는 계층을 뛰어넘는 교류가 있었다는 것이 정혜경 교수님의 설명이다.

궁중음식을 흔히 한국음식의 정수라고 이야기한다. 궁중음식의 진수를 가감없이 보여주는 것이 궁중의 잔치음식이다. 궁중의 잔치는 왕이나 왕비의 생일, 혹은 세자의 탄생이나 책봉, 왕실의 혼례 등 왕실에 축하할 일이 있거나 국가에 기념할 일이 있을 때 열리곤 했다. 궁궐의 잔치는 그 규모에 따라서 진연(進宴), 진찬(進饌), 진작(進酌) 등 다양한 이름으로 불리는데 궁궐에서 잔치가 열릴 때마다 잔치의 규모와 행사의 순서, 그리고 참석자들은 물론 잔치에 내놓은 음식까지 그 모든 과정을 세세히 기록해 두었다. 그 기록들을 통해 화려하고도 섬세했던 궁중음식의 면면을 엿볼 수 있다.

1887년, 경복궁 만경전(萬慶殿)에서 신정왕후(神貞王后, 1808~1890) 조대비의 팔순잔치가 열렸다. 만경전의 맨 끝에 자리 잡은 수십 여 명의 악공들은 풍악을 연주하고 휘장 너머에서는 무용수들이 형형색색의 춤사위로 잔치의 흥을 더한다. 이를 흐뭇하게 지켜보는 조대비의 앞에는 요새 회갑연에서 봤음직한 고임상이 켜켜이 놓여있다. 무려 1자 3치(약 40센티) 높이로 쌓은 47기의 고임상. 작고 둥근 오색 강정에서부터 유자와 석류, 밀감을 기기묘묘하게 쌓은 과일탑, 통째 구운 꿩을 먹음직스럽게 쌓아올린 전치적까지 그 화려함에 입이 떡 벌어질 지경이다. 하지만 잔치상의 위엄을 더해주는 고임상은 잔치를 여는 왕족이나 잔치에 초대된 손님을 위한 것이 아니다. 고임상은 그저 잔치에 참석한 이들의 눈을 즐겁게 해주는 눈요기에 불과하다. 생신을 맞은 대비와 왕과 왕비, 그리고 왕족들에겐 따로 잔치음식을 올린다. 잔치에 초대받은 이들 역시 따로 독상을 내려 잔치음식을 맛보게 한다. 그렇다면 47기나 되는 고임상의 음식들은 모두 버려지는 것일까? 천만의 말씀이다. 잔치가 끝나면 고임상에 쌓아두었던 음식들은 그대로 한지에 싸서 '가자'라는 들것에 실려 궁 밖으로 나가게 된다. 가자에 실린 고임상 음식의 행선지는 사대문 안에 사는 종친이나 양반가들의 집이다. 잔치에 참석하지 못한 이들에게 잔치음식을 골고루 나눠주는 것이다. 뿐만 아니라 궁중잔치에 초대된 고관대작이나 종친들에게 베푼 음식들 중 남은 것들은 모두 하인들에게 나누어주었고 이를 궁 밖으로 가지고 나갈 수 있게 했다고 한다. 궁중에서 잔치가 열릴 때마다 궁중의 음식은 그렇게 반가로 전해졌고 양반가를 드나드는 하인들까지도 궁중의 음식을 맛볼 기회가 골고루 주어졌다. 궁중 잔치가 아니더라도 궁중의 음식이 반가로 내려간 예는 많다.

해남 윤씨(海南 尹氏)의 집안 제사에는 빠지지 않고 오르는 음식 중에 '어만두'가 있다. 해남 윤씨의 집안에서 대대로 전해 내려오는 종가음식으로 종종 언론에 소개되기도 했다. 궁중음식인 어만두가 해남 윤씨 집안에 전해지게 된 것은 450년 전의 일이다. 조선시대 시조문학의 대가로 알려진 고산 윤선도(尹善道,

1587~1671)는 벼슬길에 오른 후 인조(仁祖, 1595~1649)의 신뢰를 한 몸에 받아 훗날 효종(孝宗, 1619~1659)이 되는 봉림대군과 인평대군(麟坪大君, 1622~1658)의 사부를 거쳐 7년 동안 요직을 두루 거쳤다. 두 왕자의 교육을 모두 윤선도에게 맡긴 것만 보아도 윤선도에 대한 왕실의 신뢰가 어느 정도였는지 짐작이 간다. 두 왕자를 가르치는 동안 왕실에서는 윤선도에게 수차례에 걸쳐 은사품을 내려 보냈다. 그 목록을 보면 쌀이나 비단, 벼루나 먹, 붓과 종이 같은 일상용품만 있었던 게 아니다. 윤선도의 아들이 병이 있을 때면 향유가루나 '육군자탕(六君子湯, 만성 위궤양 등을 치료하기 위한 처방)'의 약재를 보내기도 했고 갖가지 식재료는 물론 궁중의 음식을 보내기도 했다. 특히 눈에 띄는 것은 윤선도의 생일을 맞아 왕실에서 보낸 음식들이다. 해남 윤씨 가문에서 보관하고 있는 은사첩(恩賜帖, 인조와 봉림대군이 유성룡 선생의 집에 여러 곡식과 잡물을 내린 것에 대한 송장을 모아 첩으로 엮는 것)에는 "왕실에서 증편, 절육, 소육, 정과, 오미자, 자두, 홍소주, 산삼편과 함께 어만두를 내려 윤선도의 생일을 축하했다"고 적혀있다. 아마 스승의 생일을 맞아 특별한 선물로 궁중의 음식을 내려 보낸 것이 아닐까?

왕가에서 신하에게 음식을 내리는 것을 '사찬(賜饌)'이라고 한다. 왕으로부터 사찬을 받는다는 것은 두고두고 가문의 영광으로 삼을만한 일이었다. 임금이 내린 음식을 받은 신하는 온 일가친척을 불러서 왕이 내린 선물꾸러미를 자랑하지 않았을까? 사랑채에서는 집안 어른들과 손님들이 둘러 앉아 왕이 내린 사찬에 술 한 잔이 오갔을 테고 안채에서는 안방마님과 딸, 며느리가 모여 궁중의 찬은 이러하구나, 여기에는 이런 조미료가 들어간 것 같다는 등의 맛을 품평하지 않았을까? 더불어 안채에 달린 부엌문을 열어 찬모에게 "이 찬의 맛이 유별하니, 한 번 먹어보오." 하며 그 맛을 그려보라 주문했을 법하다. 이런 과정을 통해 궁중의 음식이 경북 영양의 재령 이씨 집안이나 전라남도 해남의 해남 윤씨 집안의 종가음식으로 변모하게 되지 않았을까?

그러고 보면 우리 민족은 오래전부터 이웃과 음식을 나누는 것을 즐겨했던 것 같다. 어린 시절, 제사가 있는 날이면 일가친척들이 모두 모여 제사 음식을 만들고는 했다. 구수한 냄새를 풍기며 노릇노릇하게 구워지는 부침개는 불판 옆에서 막 꺼내 먹어야 제 맛이라는 것을 어린 나이에도 본능적으로 알았다. 그래서 늘 부침개를 부치던 숙모 곁에 딱 달라붙어 제비새끼처럼 입을 벌리면 숙모는 기름기가 좔좔 흐르는 손으로 부침개를 쪽 찢어 내 입에 말아 넣어 주시곤 했다. 그러면 언제 보셨는지 "누가 제상에 올리지도 않은 음식에 손을 대나?"며 엄마의 매서운 잔소리가 날아오곤 했다. 성주상과 제사상을 모두 셈해 봐도 상에 올릴 음식은 기껏해야 두어 접시인데 널따란 채반가득 부침개가 산을 이루고 있지 않은가? 그런데 내 입에 들어가는 한 쪽이 뭐 대수라고…. 그렇게 눈을 흘겼던 기억이 난다. 부침개뿐이랴? 열흘 내내 잔치를 벌이고도 남을 만큼 넉넉하고도 푸짐한 것이 제사음식이었다. 그런데 제사가 끝나고 나면 그 많던 부침개며, 생선, 떡들이 말끔히 사라지곤 했다. 일손을 거든 일가친척들이 집에 돌아갈 때면 양 손에 제사음식을 들려 보냈던 탓이다.

해외에는 제각각 음식을 해서 나눠 먹는 '포트럭(Pot-luck)'이라는 파티가 있지만 우리에겐 특별한 날이면 푸짐하게 음식을 차려 나눠 먹고 또 이를 나눠주곤 했던 문화가 있다. 지금도 그 문화는 이어져 오고 있다. 요새도 결혼식이나 돌잔치에 가면 손님들에게 떡을 돌리곤 한다. 많은 이들이 함께 나눠 먹어야 결혼한 이들은 잘 살고, 갓 태어난 아이는 무병장수한다는 믿음 때문이다. 이런 믿음을 만들어낼 만큼 우리는 음식을 나눠 먹는 문화에 익숙하다. 정혜경 교수님은 본디 음식문화라는 것이 교류를 통해 발전한다고 했다. 왕가와 반가, 그리고 서민을 뛰어넘어 음식교류를 해왔던 조선시대, 오늘날 우리의 밥상에 오르는 음식이 풍성해진 것도 이러한 우리 민족의 음식 나눔이 있었기 때문이다.

# 교류와 나눔을 통해 변화해온 한국의 맛

광장시장은 내국인들은 물론 외국의 관광객들이 즐겨 찾는 서울의 대표적인 '먹자골목'이다. 광장시장에 들어서는 순간 양 갈래로 즐비하게 늘어선 온갖 먹거리들이 오감을 자극한다. 기름 위에서 지글지글 구워지는 빈대떡은 물론이고 좌판 가득 수북이 쌓인 잡채와 족발, 그리고 김밥에 이르기까지 잃었던 식욕마저 동하게 하는 것이 바로 광장시장이다. 광장시장하면 떠오르는 음식이 여럿 있지만, 이곳에 오면 꼭 맛봐야 할 음식이 있단다. 빈대떡이다. 여기까지 와 빈대떡을 맛보지 않으면 그보다 섭섭한 일이 또 있을까? 30년이 넘도록 평일에는 1000장, 주말에는 2000장씩 빈대떡을 부쳐내셨다는 '순이네 빈대떡' 사장님, 자로 잰 듯이 똑같은 모양의 빈대떡을 순식간에 부치는 솜씨를 보니 한석봉의 어머니가 "아이고, 스승님"하고 고개를 조아릴 것 같다. 빈대떡계의 진정한 고수께 배운 비법을 살짝 공개해보면, 녹두는 반드시 맷돌을 이용해 거칠게 갈아야 하고 숙주는 삶지 않고 생것을 넣어야 씹히는 맛이 있다고 한다. 게다가 반죽에 들어가는 배추김치는 반드시 1년 정도 숙성시킨 것을 써야 깊은 맛이 난다고 한다. 지난 30년 동안 빈대떡의 모양새도 조금은 달라지고 빈대떡을 즐겨 찾는 이들도 달라졌단다. 예전에는 주머니가 가벼운 이들이 막걸리 한잔에 안주 삼아 찾는 것이 빈대떡이었기에 지금보다 더 크고 두툼했다 한다. 그런데 요새는 제사상이나 명절상에 올리기 위해 찾아오는 주부에서부터 맛집 투어에 나선 젊은 이들, 그리고 바다 건너 외국에서 온 관광객들까지 빈대떡을 찾는 이들이 다양해졌다는 것이다. 불판에서 단박에 빈대떡을 턱 하고 뒤집는 사장님의 손놀림이 신기하여 나도 한 번 해 보겠다 팔을 걷어붙였다. 그런데 어디서 몰려든 것인지 내 어설픈 솜씨를 구경하려는 사람들이 순식간에 나를 에워쌌다.

몰려든 인파 중에 외국인 관광객 부자가 있어, 내가 부친 부침개를 한 조각 덜어내어 입에 넣어줬더니 엄지손가락을 치켜세우며 "원더풀!"을 연발한다. 이것이 바로 한국식 피자 빈대떡이라고 너스레를 떨고 보니 빈대떡 가게뿐 아니라 떡볶이 좌판 앞에도 김밥 가게에 늘어선 줄 속에도 외국 관광객들의 모습이 눈에 띈다. 우리의 맛이 외국인에게도 통한다고 생각하니 자부심이 샘솟는다. 그런데 좌판에 늘어서서 나를 먹어 주십사, 행인을 유혹하고 있는 이 길거리 음식들은 불과 몇백 년 전까지만 해도 구중궁궐의 수라간과 반가의 부엌에서 조리되던 귀한 음식이었다.

다시 말하지만 빈대떡은 궁중과 반가에서 즐겨 먹던 빈자법에서 시작된 것이며 잔치 음식에 빠지지 않고 등장하는 단골손님 잡채 역시 광해군이 즐겨 먹었다고 알려진 음식이다. 게다가 길거리표 음식의 대명사인 만두나 떡볶이, 찐빵도 예외는 아니다. 밀가루가 귀했던 조선시대, 밀가루로 피를 만든 만두는 궁중에서도 특별한 날에 먹던 별식이었고, 떡볶이는 파평 윤씨(坡平 尹氏) 종가에서 처음 시작됐으나 그 맛이 좋아 임금께 진상하면서 왕가와 반가에까지 전해지게 됐다는 설도 있다. 또한 밀가루 반죽에 팥을 넣고 쪄내는 찐빵은 조선시대에는 '상화'라고 불리던 음식과 매우 흡사하다. 고려시대, 원나라에서 들어온 음식으로 알려진 상화는 밀가루를 술로 반죽하여 발효시킨 다음 팥소를 넣고 쪄서 만들었다. 〈대전조례 大典條例〉에는 중국사신이 오면 예빈시(禮賓寺)에서 상화를 만들어 대접하였다고 쓰여 있고 〈음식디미방〉이나 〈규합총서 閨閤叢書〉같은 반가의 조리서에도 등장하는 것만 봐도 상화는 상당히 고급 음식이었던 듯하다. 물론 조리법이 그 옛날 왕가와 반가에서 즐겨 먹던 방식과는 차이가 있고 들어가는 재료 역시 시대에 따라 변화했지만 어찌됐건 간에 지금의 길거리표 음식들의 태생이 궁중과 반가였다는 사실 자체만으로도 흥미롭지 않은가?

제 三 장

한국음식을 통해 나를 돌아보다

평소 음식을 하고 맛보는 것을 즐기긴 하지만 내가 음식 전문가도 아니요, 그렇다고 남달리 식문화에 대한 조예가 깊은 것도 아니다. 대장금이라는 타이틀만 갖고 있을 뿐이지 알고 보면 내가 가진 음식 지식이라는 것이 여느 주부들보다 못하면 못했지 나을 것이 없다. 그런 내가 음식기행, 그것도 조선시대로 떠나는 음식기행을 제안받았을 때 설렘보다 두려움이 컸다. 그렇게 음식기행을 시작한 지 어느새 5개월에 접어들었다. 지난 5개월 동안 여러 전문가들이 인도해준 덕에 우리 음식에 담겨진 수많은 이야기들을 접할 수 있었다. 밥상을 통해 만백성의 삶을 들여다보고, 밥상을 통해 백성과 동고동락했던 조선의 임금, 철저한 신분 사회 속에서도 계급을 뛰어넘어 음식으로 교류해온 옛 사람들의 이야기…. 그리고 그 교류를 통해 변화하고 진화해온 한국의 맛, 우리 음식에 대해 알아갈 수록 생각이 많아진다.

문득 내 자신을 돌아보게 된다. 과연 나는 어떤 사람들과 밥을 나누었는가? 가족이 아닌 누군가를 위해 정성스레 밥상을 차려본 적이 있던가? 연예계에 데뷔해 수많은 이들과 함께 식사를 했지만 정을 나누는 자리였다기보다 비즈니스를 위한 자리였다. 물론 작품이 끝날 때마다 함께 고생해준 동료들과 밥을 나누며 감사의 마음을 표한 적은 있지만, 부끄럽게도 이웃이나 동료를 위해 내 손으로 직접 밥을 차린 기억은 없다. 우리 음식이 걸어온 길을 따라가면 갈수록 또 그 속에 담긴 의미를 알면 알수록 가족이 아닌 누군가를 위해 밥을 차리고 싶다는 생각이 든다.

집들이 계획은 그렇게 순식간에 짜여졌다. 문호리로 이사 온 지 1년, 어느새 오며 가며 인사를 하고 얼굴을 익힌 이웃들도 생겼다. 하지만 그들에게 난 아직

과연 나는 어떤
사람들과 밥을
나누었는가?
가족이 아닌
누군가를 위해
정성스레 밥상을
차려본 적이
있던가?

도 배우 이영애일 뿐, 승빈이·승권이 엄마로 불리지 않는다. 그들에게 배우 이영애가 아닌 이웃 쌍둥이 엄마로 다가가고 싶다는 욕심도 집들이를 결심하는데 한몫했다. 날을 잡고 이웃들을 초대하기까지는 일사천리로 진행됐다. 그런데 막상 집들이 날이 다가오자 덜컥 겁부터 났다. 가족이 아닌 다른 이들에게 음식을 선보여 본 경험이 없지 않은가? 평소보다 몇 배나 많은 양의 음식을 해야 하는데 간이나 제대로 맞출 수 있을지 이러다 부족한 음식 솜씨가 만천하에 드러나는 건 아닐지 걱정이 앞선다. 걱정스런 마음에 몇 번씩 메뉴를 다시 짜고 마트와 장을 오고 가기를 수차례, 드디어 집들이를 약속한 날이다.

새벽부터 마음이 분주해진다. 거실 가득 깔려 있던 여섯 개의 뽀로로 매트를 치우고 새로 산 교자상을 놓았다. 마당의 꽃을 따 물을 채운 유리그릇에 동동 띄워놓으니 이 또한 제법 운치가 있다. 맘에 든다. 이제는 본격적으로 음식을 준비할 차례다.

요새는 출장 요리사만 부르면 잡지책에서 툭 튀어 나온 듯 근사한 갖가지 음식들을 차려준다. 한식 공부를 하지 않았다면 나 역시도 출장요리사를 불러 집들이를 치렀을 것이다. 하지만 음식을 통해 마음을 나누고자 마음을 먹었으니 보잘것없는 찬이라도 내 손으로 직접하는 것이 옳다 싶었다. 그러다 보니 우리 집 밥상에 늘 오르던 평범한 음식들을 집들이 메뉴로 선택하게 됐다.

첫 번째 음식은 잡채. 명절상이든 잔칫상이든 잡채가 빠지면 섭섭하다는 순전히 내 개인적인 취향을 반영한 메뉴다. 두 번째 음식은 김치빈대떡. 새벽녘에 빗소리에 잠을 깨며 스치는 생각, '이런 날엔 빈대떡이 최고다!' 그렇게 낙점된 음식이다. 세 번째 메뉴는 불고기. 우리 집에 찾아올 꼬마 손님들을 위해 준비한

음식이다. 마지막으로 한국인은 역시 국물이 있어야 밥이 넘어가지 않는가? 제철 굴을 넣어 끓인 배춧국이다. 여기에 몇 가지 밑반찬을 함께 내기로 했다. 찬은 소박하지만 음식은 정성이라며 내 자신을 도닥이며 오전 내내 음식과 씨름을 하다 보니 어느새 정오를 훌쩍 넘어섰다.

음식이 거의 다 되어갈 무렵 초대한 이웃들이 하나둘 도착하기 시작했다. 아래 골목에 살면서 시시때때로 찾아와 내게 영어를 가르쳐주는 미류 엄마, 이틀이 멀다하고 들락거리던 읍내 떡&커피집 사장님과 빵집 아저씨, 그리고 우리 승빈이·승권이의 주치의이신 읍내 의사선생님 가족. 우리 집을 찾아온 첫 손님들이다. 다들 우리 가족처럼 서울을 떠나 이곳 문호리에 정착한 이들이다. 떡&커피 사장님은 새벽에 막 쪄낸 김도 채 빠지지 않은 떡을 들고 오셨고, 의사선생님은 개구쟁이 아들들과 뒷산에서 직접 딴 은행이라며 은행을 볶은 냄비를 통째로 들고 오셨다. 시골의 인심이 느껴지는 선물들이다. 화려한 포장지에 쌓인 값비싼 선물보다 갓 볶아낸 은행이 더 정겹게 느껴지는 것은 은행을 따서 일일이 씻고 볶는 수고로움과 정성이 느껴져서인 것 같다.

자주 보는 얼굴들이지만 막상 이렇게 집에서 대하니 느낌이 또 다르다. 무슨 얘길 꺼내야 어색하지 않을까? 그 고민도 잠시, 다가올 겨울의 눈 걱정에서부터 난방비는 물론 시골생활의 장점까지, 마치 오래된 친구들의 모임처럼 대화에 막힘이 없다. 배우 이영애가 아닌 이웃집 승빈이·승권이 엄마로 돌아가 그들과 묘한 동질감마저 느껴지는 순간 내 마음을 꿰뚫어보기라도 한 듯 의사선생님께서 제작진을 향해 이런 말을 던진다. "사실 이영애 씨가 집에 초대한다고 했을 때만해도 반신반의했거든요. 평소에도 제게 말을 걸어올 때면, 어? 배우 이영애

한국인에게
음식이란 정이요.
음식을 먹는 행위는
정을 나누는
것이라는
단순하고도 쉬운
진리를 이제야
깨닫게 된다.

인데? 왜 이러지? 왜 이렇게 친근하게 다가오지? 하면서도 아닐 거야, 아닐 거야 했는데 막상 집에 와서 이렇게 밥을 함께 먹으니까 확 가까워진다는 생각이 드네요. 역시 한국 사람은 먹는 자리가 중요한 것 같아요. 경계심이 없어졌어요." 밥 한 끼 함께 나눴을 뿐인데 그들도 나도 마음의 거리가 좁혀지는 것을 느낀다. 새삼 밥 한 끼의 위력을 실감하게 된다. 지난 6개월 동안 궁중음식을 배우면서 신선로나 소골탕도 만들어 봤고, 손이 많이 가는 반가음식들도 배웠지만 제 아무리 호사스런 산해진미라도 혼자 먹으면 무슨 감흥이 있을까? 이렇게 함께 나누어 먹을 때 음식의 진가가 발휘되는 것이 아닐까?

그리고 보면 한국인에게 음식이란 단지 배를 불리고 입을 즐겁게 하는 것, 그 이상의 의미가 담겨진 것 같다. 우리는 흔히 "밥은 먹었어?"라는 말로 인사를 건네고 누군가에게 위로가 필요할 때도, 화해를 시도할 때도, 또 좋은 일을 축하할 때도 "언제 밥 한 번 먹자"라는 말로 대신한다. 한국인에게 밥이란, 그리고 밥을 함께 먹는 행위란 여러 가지의 의미를 내포하고 있는 것이다. 하지만 그 본질은 같다. 기쁘고 슬프고 화나거나 섭섭한 마음조차도 나누자는 것이다. 그리고 보니 어느 책에선가 "밥을 나누는 것이 사람 사는 정이고 곧 평화다"라는 목사님의 말씀을 읽었던 기억이 난다. 한국인에게 음식이란 '정'이요. 음식을 함께 먹는다는 것은 '정을 나누는' 행위인 것이다. 오늘날 우리의 밥상에 오르는 음식들은 500년 전의 음식과는 다를 것이다. 재료도 양념도 조리법도 수많은 변화를 거쳐 오늘에 이르렀지만, 음식을 통해 소통하고 정을 나누는 한민족의 정서만큼은 그대로 이어지고 있는 것이다.

# 한국의 맛, 이천 년의 기억

제 일 장

음식은 살아 있는 문화다

우리는 매일 수많은 음식을 접하고 또 맛본다. 더욱이 나를 비롯한 많은 주부들이 가족을 위해 음식을 만들고 차려낸다. 그렇게 매일 밥을 대하고 밥상을 차리면서도 이제껏 나는 한 번도 '한국음식'에 대해 생각해 본 적이 없다. 그런데 이번 다큐멘터리를 진행하면서, 나는 내 자신에게 수차례 되묻고 있다. 한국인에게 음식이란 무엇인가?

음식과 관련된 서양의 속담 중 이런 말이 있다. "그 사람이 먹는 음식을 보면, 그 사람이 누구인지를 알 수 있다." 바닷가에서 자란 사람은 해산물에 익숙할 것이고 산에서 자란 사람은 산에서 나는 나물에 익숙할 테다. 그러니 그가 즐기는 음식을 유심히 들여다보면 한 사람이 나고 자란 이력을 파악할 수 있다는 뜻인 것 같다. 좋아하는 음식에는 개인의 취향이 반영되어 있으니 한 사람의 기호와 정체성까지도 알 수 있는 것이 곧 음식이라고 한다. 좁은 의미에서 보면 한 사람에 국한된 이야기이지만 이 속담의 의미를 좀 더 확대시켜보면 한 민족의 음식, 한 나라의 음식에도 해당되는 이야기이다. 한 민족의 음식문화를 보면, 그 민족에 대해 많은 것을 알 수 있다. 다큐멘터리를 준비하는 과정에서 만난 한 전문가는 일본의 식문화를 예로 들어 주셨다.

첫째, 일본을 대표하는 음식은 '사시미(刺身)'와 '스시(壽司)'다. 일본은 네 개의 큰 섬으로 이루어진 도서국가다 보니 예로부터 해산물이 가장 구하기 쉬운 식재료였다. 게다가 일본 열도의 북쪽지역은 세계 3대 어장에 속할 만큼 해산물이 풍부하다. 일본의 자연환경이 스시와 사시미 문화를 만들어낸 것이다. 둘째, 일본의 주식은 찰진 쌀, '자포니카(ジャポニカ)'다. 쌀이란 식물은 어떤가? 본디 온난 다우한 기후에서 잘 자란다. 견디기 힘들 정도로 푹푹 찌는 날씨가 지속되는 일본의 여름은 장마나 태풍이 잦아 습도가 매우 높기에 쌀이 잘 자랄 수 있는 환경인 셈이다. 그들의 주식인 쌀을 통해 일본의 기후를 가늠해 볼 수 있다. 셋째, 일본은 육식문화가 발달하지 않았다. 일본은 산악지대가 국토의 80%나 차지하고 있어서 가축을 키울 초지가 부족했다. 그러다 보니 자연스럽게 목축업이 발달하지 못했다. 육식문화가 발달하지 못한 이유는 또 있다. 텐무천황(天武天

皇 631?~686)이 불교를 국교로 삼으면서 무려 1000년 동안 육식을 금기시 해왔기 때문이다. 지리적인 환경은 물론 정치, 종교적인 성향까지 알 수 있는 대목이다.

상차림만 봐도 그 나라의 문화적 성향이 드러난다. 주영하 교수님이 쓴 〈한·중·일 밥상문화〉라는 책에는 한국, 일본, 중국의 상차림을 분석한 대목이 있다. 그 책에 따르면 일본은 상을 차릴 때 '일즙일찬(一汁一饌)'의 원칙을 지니고 있다고 한다. 일즙은 하나의 국 요리이고, 일찬은 하나의 중심 요리를 뜻한다. 그리고 상을 낼 때도 한 탁자 위에 여러 개의 개인상을 따로 내놓는다. 평소에는 개인주의적 성향이 강하지만 위기 상황에서는 하나로 뭉치는 일본인 특유의 문화가 밥상 위에 반영된 것이다. 반면 중국의 식사를 '공찬(共餐)'과 '합찬(合餐)'이라 일컫는데, 이는 둥근 식탁에 모여 함께 밥을 먹는다는 의미다. 대칭과 균형을 중시 여기기에 상에 오르는 음식의 가짓수도 초대하는 손님의 수도 늘 짝수를 고집하는 이들이 중국인이다. 이렇듯 식문화에는 한 민족이 살아온 자연환경은 물론 문화와 풍습, 정치적, 종교적 성향이 반영되어 있다. 뿐만 아니라 그 민족이 어떤 길을 걸어 오늘에 이르렀는지를 음식을 통해 역사적 사실을 유추해 볼 수도 있다. 때문에 음식이란 단순한 먹거리가 아니라 한 민족의 정체성을 대변해주는 '살아있는 문화'라고 전문가들은 이야기한다.

"음식은 곧 내가 누구인지를 말해주는 문화다." 이런 마음을 갖고 밥상을 대하니 밥상 위에 놓인 밥 한 그릇, 국 한 그릇도 허투루 보이지 않는다. 한 그릇의 밥과 국은 오랜 세월 우리의 민족과 같은 길을 걸어와 오늘날 우리의 밥상에 올랐을 것이다. 그 오랜 세월을 거치는 동안 변모하기도 했을 테다. 귀족의 식탁에 오르던 상화가 분식집 찐빵으로 탈바꿈하기까지, 광해군이 즐기던 잡채가 당면잡채로 변모하기까지, 단아한 자태의 빈자법이 펑퍼짐한 빈대떡으로 변신하기까지. 그 음식이 지나온 시간만큼이나 그 속에 담긴 사연들도 많을 것이다. 이제 나는 두 번째 음식기행을 떠나고자 한다. 첫 번째 여행이 조선시대에 담긴 우리 음식의 가치와 철학을 찾아 떠나는 여정이었다면, 두 번째 여행은 좀 더 길고 긴 시간여행이 될 것 같다.

# 비빔밥과 불고기 사이

지난해 텔레비전의 한 연예정보 프로그램에서 영화 홍보차 한국을 방문했던 브레드 피트(Brad Pitt)의 인터뷰를 접한 적이 있다. 지난 방문 때 맛보았던 갈비 맛이 너무 좋았던 그는 한국의 갈비 맛을 보여주려고 전세기에 아들을 태우고 왔다는, 그런 내용의 인터뷰였다. 당시 포털 사이트에 브레드 피트의 갈비 사랑이 실시간 검색어 1위에 오를 만큼 화제가 됐다. 그런데 갈비 맛에 반했다는 외국 명사가 브레드 피트뿐만은 아니다. 버락 오바마(Barack Obama) 대통령이 김치와 불고기를 즐긴다는 기사를 접한 기억도 있고, 영화 〈엑스맨〉으로 세계적인 스타가 된 휴 잭맨(Hugh Jackman) 역시 가족들과 불고기를 즐겨 먹는다며 한국음식에 대한 애정을 과시하던 모습도 떠오른다.

외국인들의 불고기 사랑, 갈비 사랑은 각별하다. 여론조사 기관에서 외국인들을 상대로 '가장 좋아하는 한국음식'을 조사하면 늘 순위에 오르는 음식이 있다. 비빔밥, 김치, 갈비, 불고기가 바로 그것이다. 나 역시 브랜드 홍보차 해외 출장길에 올랐을 때마다 현지에서 만난 외국인들이 한국의 고기 맛을 극찬하는 모습을 종종 경험하기도 했다.

한국의 전통적인 상차림은 채소와 고기의 비율이 7대 3이라고 한다. 고로 한국인은 육식보다는 채식을 즐겨 먹는 민족이다. 게다가 세계 어느 나라에 가도 우리 민족처럼 다양한 채소를 즐기는 민족은 없다. 언젠가 촬영차 남쪽 지방에 간 적이 있는데, 그때 한 식당에서 내놓은 국 중에 보릿국이라는 것이 있었다. 서울이 고향인 내게는 생소한 국이지만 전라도에서는 오래전부터 즐겨 먹어온 음식이란다. 겨울 내 꽁꽁 얼어있던 땅을 뚫고 보리순이 올라오기 시작하면 그 순을 잘라 국을 끓인다고 했다. 보리순만 넣고 끓이기도 하지만, 홍어의 고장 나주에 가면 홍어애(홍어 내장)를 넣어 끓인 홍어애 보릿국이라는 음식이 별미라는 이야기도 들은 것 같다.

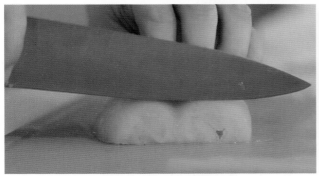

한국인만 먹는 채소가 보리의 싹뿐인가? 무청 역시 잘 말려서 시래기 국에 넣어 먹고, 산과 들에 잡초처럼 자라나는 냉이나 쑥도 한국인에겐 친숙한 먹거리다. 서양에서는 버리는 채소들이지만 우리 민족에게는 더없이 고마운 채소들이다. 한 술 더 떠서 산악지대에 사는 사람들은 더 다양한 채소를 섭취한다. 얼마 전 오대산 월정사를 찾았을 때 나물의 종류에 입이 떡 벌어졌던 기억이 있다. '누룩치'라는 이름을 지닌 나물에서부터 '개두릅', '참취', '복취', '단풍취', '서덜취'에 '박쥐나물'까지 대부분이 처음 들어보는 나물들이었다. 서양에서는 모두 약의 원료로 사용되는 허브들일 뿐 이런 허브를 따로 조리해서 먹지는 않는다.

드라마 〈대장금〉에서 운백이 장금이에게 '짚신나물'에 대해 물은 적이 있다.

"장금아, 이 나물의 이름이 왜 짚신나물인 줄 아느냐?" "짚신만큼 흔해서가 아닙니까?" "나물로 무치면 마치 삶은 짚신을 씹는 것처럼 맛이 없다고 해서 짚신나물이니라.", "이처럼 흔하고 흔한 풀이 비록 맛은 없어도 백성들의 배를 채우고 또 훌륭한 지혈제도 될 수 있으니 참으로 고마운 일 아닌지요."

〈대장금〉에 등장했던 짚신나물은 우리나라뿐 아니라 세계 어느 나라에도 흔한 풀이다. 짚신나물은 '용아초(龍牙草, 용의 이빨을 닮은 풀이란 뜻)', '선학초(仙鶴草, 신선이 보낸 두루미가 준 풀이란 뜻)'라는 이름으로도 불리는데 예로부터 지혈제나 설사를 멈추는 데 효과가 있어 그런 거창한 이름이 붙여진 듯하다. 최근 일본과 유럽에서는 이 짚신나물에서 추출한 성분으로 암 치료제를 만들었고 임상실험에도 성공했다고 한다. 이렇게 몸에 이로운 약용식물들을 우리 민족은 반찬으로 조리해 먹어왔던 것이다. 갖가지 나물을 한데 비벼 먹는 비빔밥이야말로 한국의 나물 문화가 만들어낸 음식문화의 정수다. 외국인들이 비빔밥을

아이들, 외국인할 것 없이 모두가 즐겨 먹는 불고기. 달콤하면서도 구수한 불고기 양념을 고안해낸 사람은 누구일까?

선호하는 이유는 여러 가지 나물이 어우러져 빚어내는 맛 때문이기도 하지만 다양한 채소를 한꺼번에 섭취할 수 있는 건강식이라는 이유도 한몫 거들고 있다.

그렇다면 외국인이 불고기나 양념갈비에 반한 이유는 무엇일까? 서양 사람들에게는 스테이크라는 그들만의 대표적인 고기음식이 있다. 시즈닝(seasoning)에 따라, 소스에 따라, 굽는 정도에 따라 스테이크의 종류도 다양하다. 그만큼 고기 맛에 예민한 서양 사람들이 유독 불고기나 양념 갈비에 열광하는 이유가 궁금해진다. 하여 가까운 외국 친구들에게 불고기의 매력이 무엇인가를 물었다. 그들이 답하길, 달콤하면서도 구수한 양념의 맛이 부드러운 고기 맛과 너무도 잘 어울린다는 것이다. 한국 고기 음식의 가장 큰 특징은 바로 양념에 있다. 양념의 방식도 서양의 스테이크와는 다르다. 서양의 스테이크는 구운 후에 소스를 뿌리거나 굽기 직전에 소금이나 후추를 뿌리지만, 우리의 불고기나 양념갈비는 양념에 재워 일정기간 숙성시킨 후에 불에 구워 먹는다. 어찌 보면 미세한 차이다. 하지만 본디 맛이라는 것은 종이 한 장 차이의 미묘한 차이에 의해 결정되는 것이다.

양념에 재워 구워 먹는 방식은 우리 고기음식의 가장 큰 특징이다. 수많은 음식 중에 굳이 한국의 고기음식을 찾아 여행을 떠나기로 결정한 것은 외국인들에게 익숙한 음식이기도 하지만, 그 양념의 근원이 궁금했기 때문이다. 이런 고기 양념을 고안해낸 이는 누구인지, 또 우리 민족은 언제부터 이런 식의 고기양념을 즐겨 먹게 됐는지 호기심이 발동했다. 그렇게 우리 고기음식의 근원을 찾아 떠나는 여행이 시작됐다.

제 二 장

가장 오래된 조리법, 고기구이

인간이 본격적으로 조리를 시작한 것은 일만 년 전의 일이라고 한다. 돈도 백만 원, 천만 원 단위까지는 그러려니 하게 되지만 억이 넘어가고 조가 넘어가면 돈이 많다는 느낌뿐이지 그 액수가 정확히 체감되지 않는 법인데, 시간이라는 것도 그렇다. 일만 년 전이라는 게 굉장히 오래전이지만 얼마나 오래된 것인지 희미하기만 하다. 그런 내 맘을 읽기라도 한 듯 자문교수는 신석기 시대라고 일러준다. 신석기 시대에 들어서면서 인간은 농사를 짓기 시작했고 내화용 토기를 만들면서 본격적인 조리역사가 시작된 것이란다. 그렇다면 신석기 이전의 구석기 시대에는 무엇을 먹고 살았을까? 여기저기 이동을 하며 수렵과 채집 생활을 했다고 한다. 고등학교 때 숱하게 외웠던 내용들인데 30년 가까운 세월이 흘러 다시 들으니 마치 처음 듣는 내용인 양 새롭기만 하다. 초기의 인류는 사냥을 해온 들짐승이나 물고기들을 날고기로 그냥 뜯어 먹었지만 점차 고기를 말려서 오래 두고 먹는 법을 터득했다고 한다. 그 후 인류가 불을 이용하는 법을 알게 되면서 들짐승을 불에 구워 먹게 되었단다. 고기를 불에 구워 먹는 방식이 인류 최초의 조리법이었던 셈이다. 처음에는 고기를 꼬챙이에 구워 모닥불에 직접 굽다가 어느 정도 시간이 흐른 후에는 돌판 위에 구워 먹는 법을 알게 되었단다.

한동안 돌판 위에 구워 먹는 삼겹살이 유행이었는데, 그러고 보면 이미 선사시대의 원시인들은 돌판에 구워 먹으면 고기가 맛있다는 사실을 경험에 의해 체득한 모양이다. 돌판 이후에 나온 도구는 석쇠다. 인간이 철로 만든 도구를 발명하면서 석쇠에서 번철로 고기를 구워 먹는 방식도 발전해나가기 시작했다는 것이다. 이렇듯 고기구이의 역사는 동서양을 막론하고 만년 이상의 역사를 지니고 있다. 하지만 고기에 양념을 하기 시작한 것은 그보다 훨씬 이후의 일이다.

초기의 인류는 사냥을 해온 들짐승이나 물고기들을 날고기로 그냥 뜯어 먹었지만 점차 고기를 말려서 오래 두고 먹는 법을 터득했다고 한다.

# 우리 민족 최초의 고기 양념을 찾아 떠나다

오래전 우리 음식의 뿌리를 찾아가는 과정은 생각처럼 쉽지 않았다. 하긴 불과 500년 전 조선시대, 그것도 임금이 먹던 일상식에 관한 기록조차도 후세에 전해진 것이 별로 없지 않은가? 하물며 조선시대 이전의 우리 음식에 관한 자세한 기록이 남아있을 리 없다. 심지어 고려 이전, 삼국시대에 우리 민족이 즐겨 먹던 음식은 대부분 문헌이 아닌 벽화나 유적을 통해 전해지고 있다. 역사연구가들이 벽화나 유적지에서 발견한 사소한 흔적을 통해 '당시에는 이런 음식을 먹었겠구나'하고 유추해 보는 것이다.

동아시아 3국 중 음식에 대한 연구가 가장 활발히 이루어지고 있는 나라가 중국이다. 예로부터 우리 민족과 중국대륙은 교류가 활발했다. 어쩌면 우리 땅에는 없는 기록이 중국에는 남아있지 않을까 하는 기대와 희망을 안고 중국으로 향했다.

"중국 사람들은 땅 위의 네 발 달린 것으로는 탁자를 빼고 다 먹고, 물속에서 헤엄치는 것 중에서는 잠수함을 빼고 다 먹으며, 하늘을 나는 것으로는 비행기를 빼고 다 먹는다"고 했던가! 그만큼 중국은 세계에서 가장 다양한 음식문화를 지닌 나라다. 넓은 땅덩이와 천혜의 자연환경, 그리고 50여 소수민족이 빚어낸 음식문화는 중국을 가히 음식의 천국이라 칭하는 데 부족함이 없다. 그 다양한 음식문화를 모두 맛볼 수 있는 도시가 베이징(北京)이다. 베이징은 원나라, 명나라, 청나라에 이르기까지 700년 동안 중국의 수도였다. 도성이었던 베이징은 정치, 문화의 중심지였기에 다양한 소수민족들의 왕래가 잦았다. 또한 서쪽, 남쪽,

북쪽의 대운하를 통해 전국의 식재료가 모여들었고 그 비옥한 토양 위에 다채로운 음식문화가 꽃피기 시작했다. 그 후 청나라가 오십여 소수민족을 하나로 통합하면서, 궁중의 요리사들이 전국 각지의 별미 음식들을 앞다투어 황제에게 올리기 시작했다. 덕분에 더욱 다양한 음식이 개발되어 오늘날까지 북경의 전통음식은 물론 각 지역의 다양한 소수민족의 음식을 모두 맛볼 수 있게 된 것이다.

그런데 중원의 귀족들이 소수민족의 음식문화를 받아들이기 시작한 것은 그보다 훨씬 이전의 일이다. 지금으로부터 1700년 전 중국 귀족들의 입맛을 매료시킨 소수민족의 음식이 있었다고 한다. 4세기 무렵 중국 진나라 시대에 쓰인 〈수신기 搜神記〉(4세기경 중국의 역사가 간보(干寶)가 편찬한 소설집)라는 책에는 이런 구절이 있다. "강자(羌煮)와 맥적(貊炙)은 다른 족속의 먹거리인데 귀족 집안과 부잣집에서 중요한 잔치에 그 음식을 내어 놓으니 이는 미개한 민족이 쳐들어올 전조로라." 사실 〈수신기〉에 등장하는 단 한 줄의 구절에 의지해 다큐멘터리 제작팀은 중국까지 왔다. 〈수신기〉에 등장하는 맥적(貊炙)이 우리 민족의 고기음식과 연관이 있다는 인문학자들의 증언 때문이었다.

중국 항주시(杭州市)에 위치한 절강공상대학교(浙江工商大學)의 조영광 교수님은 동아시아에서 가장 저명한 식문화학자 중 한 명이다. 그를 찾아가 〈수신기〉에 등장하는 '강자맥적(羌煮貊炙)'에 대해 물었다. 교수님의 말을 인용하면 강자(羌煮)란 서북 유목민족이 고기를 솥에, 더 일찍이는 고기를 토기에 넣어 삶아 먹는 방식이고, 맥적(貊炙)은 동북 소수민족이 고기를 구워 먹는 방식이라는 것이다. 본디 육식문화는 유목문화의 유산이란다. 그런데 왜 서북쪽에서는 고기를 삶아 먹는 방식이 유행했고, 동북쪽에서는 고기를 구워 먹는 방식이 주를 이루었을까? 교수님은 "키우는 가축의 차이가 만들어낸 식문화일 가능성이 높다"며 말을 이어갔다. 서북 유목민은 예로부터 양을 많이 키웠다. 그런데 양을 조리하는 가장 적합한 방식이 삶는 것이란다. 반면 동북지방의 유목민들은 돼지를 주로 키웠는데 지방이 많은 돼지고기의 특성상 삶는 것보다는 굽는 것이 더 맛이 좋다는 사실을 깨달았다는 것이다. 또한 맥적은 〈수신기〉보다 훨씬 이전인 2000년 전의 문헌에도 등장했다며, 아주 오래전부터 동북지역에서는 맥적을 즐겨 먹었던 것으로 보인다는 말도 덧붙였다.

들다 보니 뭔가 이상하다. 고기를 불에 구워 먹는 방식은 인류의 가장 오래된 조리법 아닌가? 그 오래된 조리법을 중원의 귀족들이 모를 리 없었을 텐데 그들 사이에서 유행할 정도였다면 맥적이라는 음식에는 뭔가 특별한 점이 있었을 법하다. 질문을 하자마자 마치 내 생각을 꿰뚫고 있었다는 듯, 교수님은 선뜻 답을 내주었다. "맥적은 아주 오래된 고기구이 방식이지만, 맥적이 한족의 문헌에 나타났을 때는 이미 예전처럼 불에 굽기만 하는 원시적인 방식이 아니었어요. 내가 연구한 바로는 이미 세밀한 가공이 이루어진 조리법이었죠. 고기구이 위에 뭔가 있었는데 그것은 농경민족이 발명한 조미료였습니다. 조미료, 다시 말해 장이 가미된 섬세한 형태의 고기구이가 바로 맥적입니다." 정리해 보면, 양념을 해서 구워낸 고기음식이 맥적이라는 것이다. 그렇다면 과연 맥적은 우리 민족 최초의 고기구이였을까? 그리고 2000년 전 맥적에 사용됐던 양념은 또 무엇이었을까?

지금의 요녕성(遼寧省), 길림성(吉林省), 흑룡강성(黑龍江省)을 '동북 3성'이라고 부른다. 역사에 대해서는 문외한이지만 〈대조영〉이나 〈주몽〉 같은 드라마를 통해 동북 3성이 우리 선조들의 땅이었다는 사실은 어렴풋이 알고 있다. 고조선과 고구려, 그리고 발해의 탄생지이기도 하지만 우리 민족의 영산이라는 백두산이 이곳에 있지 않은가? 게다가 오늘날에도 160만 명이 넘는 조선족이 거주하고 있는 땅이 동북 3성이다. 어쩌면 그 동북 3성에서 맥적의 흔적을 찾을 수 있지 않을까? 아니, 꼭 찾고야 말겠다는 의지를 다지며 길림성으로 이동했다.

# 오래된 음식, '맥적'의 흔적을 찾다

길림성 연길(延吉)에 있는 조선 자치구 마을. 한국의 11월과는 달리 길림성의 11월은 완연한 겨울이다. 때마침 폭설이 내려 산과 들은 물론 마을 전체가 새하얗게 물들었다. 설원이 따로 없다. 발목까지 푹푹 빠지는 눈길을 뚫고 현금순 아주머니 댁에 도착했다. "추운데 먼데서 오느라 고생 많소." 제작진에게 반가움을 표시하는 현금순 아주머니와 김정일 아저씨의 연변 사투리가 더없이 푸근하게 느껴진다. 조상대대로 이곳에 터를 잡고 살아왔다는 연길 토박이 부부. 그들에게 이 지역에서만 전해져 내려오는 고기음식을 찾아 왔다고 이야기했더니 그말이 떨어지기가 무섭게 아주머니가 제작진을 뒷마당으로 안내했다. 그러고는 슬레이트 지붕 아래 덩그러니 놓여있는 장독 뚜껑을 조심스럽게 내려놓으신다. 된장독이다. 고기음식을 보여 달라는데 된장독으로 안내한 아주머니 행동이 이상하다 여겼던 것도 한순간, 된장을 뒤적이자 그 사이로 푸르스름하기도 하고 불그스름하기도 한 무언가가 카메라에 포착됐다. 아주머니가 숟가락으로 몇 번더 된장을 뒤적이자 형체가 온전히 드러났다. 푸르스름한 것은 깻잎이며 불그스름한 것은 삼겹살이다. 삼겹살을 깻잎에 고이 싸서 된장 깊숙이 박아놓은 것이란다. 이렇게 고기를 된장에 박아두면 된장 맛도 좋아질 뿐 아니라 고기 맛도 좋아진다는 게 아주머니의 설명이다.

온몸에 된장을 두른 삼겹살을 보니 한때 한국에서 유행하던 된장 삼겹살이 떠올랐다. 된장양념을 고기 표면에 살짝 발라 된장의 풍미를 더한 것이 된장 삼겹살이었다면, 연길지방의 된장 삼겹살은 된장 속에서 무려 3개월을 숙성시킨 것이란다. 된장의 향과 간이 적절히 베인 이 삼겹살을 1센티 길이로 잘라서 말려둔 시래기를 넣고 끓여내면 이것이 곧 연길지방에서 먹는 '장국'이라는 것이다. 된

장에 박아두었던 삼겹살은 국거리로만 이용되는 것이 아니다. 아저씨가 진짜 이 지역 고기 맛을 보여주겠다며 아궁이에서 숯을 꺼내 불을 피우는 사이, 아주머니는 된장이 묻은 삼겹살을 맑은 물에 대충 헹궈낸다. 화로에 석쇠를 올리고 즉석에서 구워내는 된장 삼겹살. 이 지역에서만 전해져 내려오는 고기구이법이란다.

아저씨는 고기 맛이 만족스러운 듯 연신 "맛있재?"를 연발하며 "세간 잘하는 아주머니들, 남편 공경 잘하고 시부모 공경 잘하는 분들은 고기를 장독 밑에다 보관했다가 요시에 편찮을 때 구워도 내고 술 많이 먹고 온 이튿날 아침에 해장하라고 썰어서 장국에 넣어 끓였다 말이야." 하며 된장 삼겹살의 사용설명서를 일러준다. "언제부터 이 고기를 드셨냐?"고 물었더니 고개를 갸우뚱거리며 "할머니의 할머니의 할머니부터?"라며 소싯적부터 먹어왔으니 그 기원은 정확히 알 수 없단다. 덧붙여 하는 말이 "예전에는 돼지를 통으로 잡아서 그저 한시에 냉장고가 없으니까 장독에 넣어두고 오래오래 둬서 띄엄띄엄 먹었지."였다. 냉장고가 없던 시절에 고기를 오래도록 보관하기 위해 된장독에 묻었다는 이야기이다. 화로에서 삼겹살이 구워지는 모습이 하도 먹음직스러워서 촬영 중임에도 불구하고 아주머니가 건네주시는 고기를 덥석 받아먹었다. 그런데…. 그 맛은 내 예상을 완벽히 벗어났다. 이건 뭐 고기구이가 아니라 거의 장조림에 가까운 수준이다. 한마디로 엄청 짜다. 고기 한 조각을 받아먹고 나니 밥 두세 순가락이 그냥 넘어갈 정도다. 이 정도의 염분이라면 수개월이 아니라 일 년을 둬도 고기가 상할 일은 없을 것 같다. 맛을 보고 나서야 된장에 묻어둔 것이 저장의 용도였다는 사실을 알게 되었다.

조영광 교수님은 오래전부터 동북지역에서는 고기 덩어리를 장에 넣어 먹었다며 이는 저장법의 일종이라고 설명했다. "고기는 매우 귀한 식재료였는데 한 마리의 고기를 잡으면 먹을 수 있는 양은 일부에 불과했다. 그렇다면 어떻게 이를 보관했겠는가? 첫 번째 방법은 얼리는 것이다. 동북지역은 매우 춥기 때문에 눈이 왔을 때 물에 살짝 적셔서 고기를 얼렸다. 하지만 이런 천연 냉장고가 늘 존재하는 것은 아니다. 눈이 항상 오지도 않았고 사시사철 추운 것도 아니다. 그럴 때는 어떻게 보관하는가? 몇 가지 방법이 있다. 첫째, 소금에 절이는 것이다. 그런데 소금에 절이면 맛이 변했고 색도 변했다. 그래서 생각해낸 것이 장에 절이는 방법이다. 장에 절이면 소금에 절일 때보다 좋은 점들이 많았다. 일단 고기의 수분이 날아가지 않았고 색도 보기 좋았으며, 장의 향이 고기에 흡수되어 삶거나 찌고 구웠을 때도 맛이 더 좋았다. 처음에는 보존의 방법으로 시작했지만 나중에는 동북지방의 풍습이 되지 않았을까 생각한다."

상당히 일리가 있는 말이다. 하지만 소금에 절이는 것보다 장에 절이는 법이 좋다는 것을 왜 동북지역의 유목민들만 깨달았을까?

조영광 교수님은 맥적의 탄생이 농경문화와 연관이 있다고 이야기한다. 서북쪽 유목민에 비해 동북쪽 유목민들은 일찍이 농경문화를 받아들였다. 맥적은 유목문화의 유산인 육식문화와 농경문화의 산물인 장문화가 만나 탄생된 음식이라는 것이다.

2000년 전 중국의 고기음식은 고기를 굽고 난 후 양념을 했지만 우리 민족의 고기음식인 맥적은 장에 재웠다가 구워 먹었다는 점이 달랐단다. 중국인들이 맥적이라는 이민족의 맛에 매료된 것도 그 때문이라고, 정혜경 교수님은 이야기한다. 그러고 보면 스테이크에 익숙한 서양인들이 우리의 불고기나 갈비에 매료된 것이나, 2000년 전 중국인들이 우리의 맥적에 반한 것이나 별반 차이가 없는 듯하다.

# 우리 민족 최초의 양념구이를 만나다

요즘 우리가 먹는 불고기에는 다양한 양념이 들어간다. 파, 마늘, 간장과 참기름, 설탕은 기본이요, 각종 과일즙과 양파즙까지 입맛에 따라 양념의 종류가 더해지기도 하고 빠지기도 한다. 그런데 우리 민족 최초의 양념은 장이었다. 연길에서 제작진이 목격한 것은 된장에 절인 고기였지만 2000년 전에도 된장이었을까? 그것은 정확히 알 수 없다. 어떤 이는 간장이라고도 하고, 또 어떤 이는 지금과는 다른 형태의 장이었을 수도 있다고 주장한다. 어쨌든 우리 민족이 장을 이용해 고기를 저장하는 지혜를 발휘했다는 것만은 사실이다.

장은 농경문화의 부산물이다. 한반도 일대에서 농사를 짓기 시작한 것은 지금으로부터 5000년 전의 일이라고 한다. 하지만 우리 조상이 언제부터 장을 담갔는지는 정확히 알 수 없다. 하지만 장의 원료인 콩의 원산지가 만주 남부지방인 점(만주 남부지방은 고구려와 부여가 자리했던 지역이다), 한반도 일대에서 많은 야생종의 콩이 자란다는 점 등을 고려해 볼 때 꽤 일찍부터 장을 담그지 않았을까 추측해 본다. 다큐멘터리의 자문을 맡아주신 정혜경 교수님은 "〈삼국지 三國志〉나 〈위지 魏志〉(중국 삼국 때의 위나라의 역사책) 같은 중국의 고대 문헌에는 고구려 사람들이 '선장양(善醬釀)', 즉 발효식품을 잘 만든다는 기록이 있습니다. 또한 된장냄새를 '고려취(高麗臭)'라 불렀다는 기록들도 종종 등장합니다. 이런 문헌들을 종합해 볼 때 삼국시대에는 이미 장문화가 정착했고 갖가지 음식에 장이 두루 쓰였다는 것을 알 수 있죠."라고 일러주었다.

정혜경 교수님의 이야기를 들은 후 우연히 한 텔레비전 프로그램에서 고구려시대의 고분에 얽힌 이야기를 다룬 역사 다큐멘터리를 접한 적이 있다. 황해남도 안악군 용군면에 있는 고구려 안악 3호분. 이 고분은 고국원왕 때인 서기

357년에 만들어진 것이다. 그 고분에는 여러 가지 벽화가 그려져 있는데 이 무덤의 주인으로 보이는 사람의 초상화에서부터 주방에서 음식을 하는 여인의 모습, 그리고 씨름을 하는 남정네들과 가무를 즐기는 사람들의 모습까지 고구려의 시대상을 한눈에 볼 수 있는 일종의 생활풍속도를 담아낸 벽화였다.

그 중에서 유독 내 시선을 끌었던 것은 주방의 모습이다. 주방의 한쪽 편에는 아궁이에 불을 지피고 있는 여인과 음식을 만드는 여인이 그려져 있고, 또 한쪽 편에는 멧돼지를 비롯해 몇 가지 짐승을 꼬챙이에 끼워 걸어놓은 모습이 묘사되어 있다. 그리고 또 다른 벽화에는 우물가 옆에 여러 가지 장독이 놓여있다. 아는 만큼 보인다고 했던가. 예전 같았으면 그냥 지나쳤을 내용이지만 그동안 한식에 대해 공부했던 것들이 있는지라 벽화를 보며 먼 옛날 고구려인들이 즐겼을 우리 음식들을 떠올려보게 된 것이다.

옛 고구려 땅인 북한과 만주는 지금 우리가 사는 남쪽과는 달리 농사를 짓기에는 척박한 땅이었고 좋은 논과 밭이 부족했단다. 때문에 일부 농사를 짓기도 했지만 사냥과 목축을 통해 부족한 식량을 조달했을 법하다. 어쩌면 그런 자연환경으로 인해 고구려에서는 일찍부터 육식문화가 발전했고 그 과정을 통해 맥적이라는 음식이 탄생한 것은 아닐까?

맥적의 탄생 과정을 따라가다 보니 마치 '셜록 홈즈'가 사건의 퍼즐을 하나하나 맞춰나가는 심정이다. 하나의 음식이 탄생되고, 또 그 음식이 한 민족의 대표적인 식문화로 자리 잡기까지, 이렇게 많은 요인들이 얽히고설켜 있다는 사실이 참으로 흥미롭다. 음식이야말로 살아있는 문화이고 한 민족의 정체성을 대변해주는 존재라는 이야기가 마음에 와 닿는 순간이다.

제 三 장  한국 고기음식의 전환점을 맞이하다

# 한국인은 못 먹는 부위가 없다?

가을인가 싶더니 어느새 겨울의 한복판에 들어선 듯 현관문을 나설 때면 단단히 옷깃을 여미게 된다. 찬바람이 불어올 즈음이면 생각나는 음식이 있다. 잡뼈와 사골에 향신채소를 넣고 하룻밤을 푹 고아 낸 곰국이다. 이런 계절에 곰국 한 그릇을 들이키고 나면 보약 한 첩을 지어먹은 듯 몸도 마음도 든든해지곤 한다. 생각난 김에 친정 부모님과 함께 마장동 축산물 시장을 찾았다. 서울시민이 먹는 고기의 65%가 유통된다는 마장동시장. 들어보기는 했지만 직접 와보기는 처음이다. 즐비하게 늘어선 정육점마다 고기며 뼈에 각종 가축의 부산물들이 산을 이루고 있는 것이 대한민국의 고기란 고기는 모두 여기 모여 있는 것 같다. 그 진풍경에 홀려 한참을 구경하다 인심 좋아 보이는 아저씨네 가게 앞에 멈춰 섰다. 친정 부모님과 아이들이 먹기에 좋은 고기를 골라 달라 했더니 아저씨는 실타래에서 마치 실을 풀어내듯 소고기의 각종 부위를 술술 읊으신다. "이게 꽃등심인데 마블링이 끝내주죠. 이런 마블링 보기 힘듭니다. 요 옆에 있는 건 안창살이에요. 많이 익히면 질겨지기 때문에 살짝 핏기만 가실 정도로 익혀 드셔야 제 맛을 느낄 수 있습니다. 업진살은 들어 보셨나요? 입에서 살살 녹습니다. 이 부위는 치마살이라는 건데, 어떠세요? 새색시의 치마를 살포시 펼쳐놓은 거 같죠?" 아저씨의 소고기 강의는 한참 동안 계속됐다. 전각살에 꾸리살, 토시살, 뭉치살까지 난생 처음 들어보는 부위들이다. 마장동이 고기 백화점이라더니 허명이 아니구나 싶다.

시중보다 싸다는 이야기만 들으면 지갑이 왜 그렇게 쉽게 열리는지. 꼬리를 사러왔다가 계획에도 없던 반골뼈며 꽃등심, 안창살, 업진살, 치마살을 두루두루 사버리고 말았다. 부위별로 잘라 포장을 하는 동안 소고기 부위가 이리 많은

줄 몰랐다고 운을 띄웠더니 내 말꼬리를 놓칠세라 본인이 알고 있는 지식을 죄다 풀어놓으신다. 소 한 마리를 잡으면 일단 10개의 대분할로 나누는데 안심, 등심, 채끝, 목심, 앞다리, 우둔, 설도, 양지, 사태, 갈비가 바로 대분할에 해당된단다. 이것을 다시 39개의 소분할로 나눈다고 한다. 안심살, 꽃등심살, 살치살, 양지머리 등이 소분할에 속한다. 39개의 소분할은 또 다시 특수부위로 나눌 수 있는데 이것저것 희귀한 부위까지 모두 합하면 총 120여 개의 부위로 나눌 수 있다 한다. 그 부위에 따라 미묘한 맛의 차이가 있기에 부위에 따라 조리법도, 구이법도 달라진다는 것이다. 소 한 마리에서 무려 120가지의 부위라니! 내가 평생 동안 맛본 부위는 몇 가지나 될까?

인류학자인 마거릿 미드(Margaret Mead, 1901~1978)는 "영국과 프랑스는 소를 35개 부위로, 동아프리카의 보디(Bodi)족은 51개 부위로 나눠 먹는데, 한국인은 무려 120개 부위로 나눠 먹는다"며 한국인의 섬세한 입맛과 발골기술에 찬사를 보냈다던 글을 읽은 적이 있다. 도축된 소에서 뼈와 살을 발라내 부위별로 나누는 일을 발골이라고 한다. 발골은 칼솜씨와 정확도를 필요로 하는 매우 섬세한 작업이다. 상처 없이 깔끔하게 뼈와 살을 분리해내야 하기 때문이다. 그런데 한국인은 소고기 한 마리를 부위별로 120가지로 나눈다니, 이쯤 되면 한국인의 발골기술이야말로 세계 최고 수준인 셈이다. 그런데 정혜경 교수님은 조선시대 이전까지만 해도 우리 민족의 발골기술은 매우 미숙한 수준이었다고 말한다. "송(宋)나라 사람 서긍(徐兢 1091~1153)이 쓴 〈고려도경 高麗圖經〉이라는 책에는 고려인들이 발골에 미숙했음을 암시하는 구절이 있어요. 예를 들면, 고기를 잡을 때 냄새가 나게 때려잡는다고 적어놓기도 했고 고려의 도살기술이 발달하지 않았다고 직접적으로 언급한 구절도 있습니다."

〈삼국지〉의 〈위지동이전 魏志東夷傳〉에는 "부여가 양생(養生, 축산업)을 잘한다"라고 기록되어 있고, 〈삼국유사 三國遺事〉의 〈태종춘추공조 太宗春秋公條〉

에는 "왕의 식사는 하루에 쌀 세 말, 술 여섯 말, 꿩 아홉 마리였다"는 구절도 있다고 한다. 고구려 시대의 고분 벽화며 신라의 유적지에도 고기를 조리했던 흔적들이 남아있는 것만 봐도 우리 민족이 고기음식을 즐겼다는 것을 추측해 볼 수 있다. 육식문화가 발달하지 않고서야 어찌 맥적이 탄생될 수 있었으며, 그 맛이 중국의 안방까지 알려졌겠는가? 그런데 고려 사람들은 도살에 능하지 않았다니 천년 세월이 흐르는 동안 한반도의 식문화도 변화한 모양이다. 하지만 정혜경 교수님으로부터 그 이유를 듣는 순간 절로 고개를 끄덕이게 된다. 고려시대에 들어서면서 불교는 국교로 인정되었다. 불교에서는 본디 살생을 금했기에 자연스럽게 사냥이나 도축이 금기시되었다고 한다. 밥상 위의 고기반찬이 사라지면 그 빈자리를 채울 다른 찬의 조리법이 발달하기 마련이다. 고려시대에는 그것이 채소였다고 한다. 고려인들은 채소를 다양하게 조리해 먹었는데 날로도 먹고 쌈으로도 먹고, 삶아서도 먹고 절이거나 국으로도 끓여 먹었단다. 이처럼 고려시대에 들어서면서 채식문화가 번성한 반면 육식문화는 쇠퇴해갔다.

정혜경 교수님은 말을 이어갔다. "조선시대에 들어와서 도축기술이 발전하기 시작합니다. 그 이유 중 하나가 원(元)나라가 우리나라의 고기 조리법에 영향을 미쳤기 때문이죠." 고려 말에 이르러서야 육식문화가 부활하게 된 것이다. 그 계기가 된 것이 몽고(蒙古)의 침입이었다. 몽고는 1231년부터 1259년까지 30년 동안 고려를 침략했으며 그 후 1351년 공민왕(恭愍王, 1330~1374)이 집권하여 반원정책을 펼치기 전까지 약 100년 이상 고려에 영향을 미쳤다. 앞서 이야기했듯이 육식은 본디 유목문화의 유산이다. 기마부대를 이끌고 세계를 재패했던 몽골족, 유목민이었던 그들은 당연히 육식 위주의 식습관을 가지고 있었고, 몽골인들이 고려에 들어오면서 잠들어 있던 우리 민족의 육식 DNA가 깨어나기 시작한 것이다.

# 천 년 전 음식을 찾아 떠난 몽골 기행

1000년 전, 한반도의 음식문화에 지대한 영향을 미쳤다는 몽골족의 음식이 궁금해졌다. 1980년대까지만 해도 몽골 전체인구의 80%가 유목민이었고 현재도 몽골 전체 인구의 3분의 1이 유목생활을 하고 있다고 한다. 1000년 전과 생활방식이 크게 달라지지 않았다면 음식 역시 옛 모습을 유지하고 있지 않을까? 몽골의 초원에 가면 1000년 전 우리 음식에 영향을 미쳤다는 유목민의 음식을 만날수 있을 것만 같았다. 하지만 막상 몽골 출장을 결정짓자니 마음에 걸리는 것이한두 가지가 아니다. 쌍둥이를 남편에게 맡겨두고 며칠씩 집을 비워야 한다는것도 걸렸지만 무엇보다 엄마 품에 안겨야 잠을 이루는 딸 승빈이를 떼놓고 가야 한다는 사실 때문에 한참을 망설였다. 하지만 한 번 뭔가에 꽂히면 끝을 봐야직성이 풀리는 성격이다 보니 며칠간의 고민 끝에 몽골 출장을 결심하게 됐다.

그런데 막상 몽골 출장을 결정하고나자 이번에는 남편의 걱정이 나를 붙들었다. 일 년 가까이 〈대장금〉을 촬영하면서 제때 못 먹고 제때 못 잔 탓에 고질적인 위장병을 달고 산다는 것을 누구보다 잘 아는 남편은 아마도 몽골에서 맛볼낯선 음식을 나보다 더 경계하는 듯했다. 그런 남편에게 무리하지 않고 몸조심, 음식 조심하겠다고 거듭 안심을 시킨 후에야 비로소 몽골행 비행기에 오를 수있었다.

몽골을 방문하는 것은 처음이지만 〈대장금〉과의 인연이 있어 낯설게 느껴지지 않는다. 몇 년 전 몽골에서 〈대장금〉이 60%에 육박하는 시청률을 기록했다는 기사를 접하기도 했다. 서울에서 울란바토르(Ulaanbaatar)까지는 비행기로세 시간 거리. 밤 열한 시가 넘어서야 울란바토르 공항에 도착하니 우리를 마중나온 여자 한 분이 있었다. 처음에는 낯설지 않은 외모에 한국말까지 유창하게 구사하는 모습을 보고 통역을 맡은 한국 교민인 줄 알았다. 15분을 넘게 이야기를 나누고서야 그분이 몽골 사람이며 울란바토르 TV 국장님이라는 걸 알게 됐다. 그 분의 도움을 받아 빡빡했던 사흘간의 촬영이 순조롭게 이루어졌으니 이 자리를 빌어 그 분께 감사를 드리고 싶다.

8월 말, 한국이라면 막바지 더위가 기승을 부릴 때지만 몽골의 8월은 가을의 시작이다. 해가 없는 아침, 저녁은 한국의 늦가을을 연상시킬 만큼 시린 찬바람이 불어온다. 몽골에 도착한 다음날, 창밖을 보니 금방이라도 비를 뿌릴 듯 하늘이 잔뜩 찌푸리고 있다. 그래서인지 더욱 을씨년스럽게 느껴지는 아침이다. 두툼한 옷을 챙겨 입고 호텔을 나선 후 한 시간 정도 달려갔을까? 창밖 너머로 회색빛 콘크리트 건물 대신 잡목 하나 눈에 띄지 않는 초원 입구에 들어섰다. 갑자기 바람이 맞고 싶어졌다. 창문을 내리니 차안 가득 차오르는 허브 향! 초원을 가득 메우고 있는 푸른빛의 주인공은 잡초가 아니라 바로 허브라 한다. 찬바람에 실려 오는 허브 향을 맡으니 머리까지 맑아진다. 그렇게 온몸으로 초원을 느끼며 얼마나 달렸을까? 도시의 흔적은 완전히 사라지고 광활한 초원이 온전히 모습을 드러낸다. 저 멀리 유목민들의 '게르(Ger, 몽골족의 이동식 집)'와 무리를 지어 노닐고 있는 말과 염소, 양떼들, 그리고 동물의 왕국에서나 봤음직한 야크(yak) 무리도 보이기 시작한다. 잠시 내가 누구인지를 잊게 할 정도로 평화롭고 신비로운 풍경이다.

그렇게 감탄사를 연발하는 사이, 어느새 어뜨게를 씨의 게르 앞에 도착했다. 오는 길에 울란바토르 TV 국장님께 속성으로 배운 몽골어로 "셈베노"라고 인사를 건네자, 우유처럼 허연 음료를 내놓으며 화답한다. 그들의 전통차인 수태차

(Suutai tsai)이다. 차 잎을 조금 떼어 물과 함께 끓이다가 양젖이나 말젖을 첨가한 것이 바로 수태차. 몽골 사람들은 물 대신 아침저녁으로 수태차를 마시고, 음식을 먹을 때도 늘 이 수태차를 애용한단다. 게다가 손님이 찾아오면 대면하는 순간 수태차를 대접하는 것이 유목민의 전통이라고 한다.

어뜨게를 씨 가족은 조상대대로 유목생활을 해온 유목민이다. 그런데 어른아이 할 것 없이 〈대장금〉을 기억하며 나를 알아보는 것이다. 참으로 이상하다 여기던 중, 게르 안으로 들어가서야 그 이유를 알 수 있었다. 우리 집 거실보다 좁은 게르 안에 냉장고며 텔레비전까지 없는 게 없었다. 요즘 유목민들은 과거와 달리 발전기를 이용해 전기도 사용하고 위성을 통해 텔레비전도 본다. 텔레비전에서 본 외국여자가 자신들 앞에 턱 하니 앉아있는 것이 신기했는지 아이들은 연신 안아 달라, 악수를 해 달라 청을 해온다.

나중에 들은 이야기이지만, 귀한 손님이 오면 몽골인들은 늘 푸짐하게 음식을 차려낸다고 한다. 몽골 유목민의 음식 인심이 한국인의 인심 못지않다. 식전이어서인지 내 앞에 차린 음식의 대부분은 간식거리였다. 가축의 젖을 굳혀서 만든 과자 '아롤'과 몽골식 버터, 요구르트 같은 것들이다. 버터를 손가락으로 찍어 한 입 먹어봤더니 한국에서 맛본 버터보다 조금 단맛이 난다. 몽골에 오기 전 몽골음식에 관한 자료를 찾아보다가 알게 된 사실이 있다. 버터를 최초로 만든 이들이 중앙아시아 유목민이었다는 것이다. 지금이야 버터가 서양음식에서 빼놓을 수 없는 식재료가 되었지만 말이다. 유럽에서 버터가 대중화된 것은 불과 16세기부터라고 한다. 그보다 훨씬 앞선 고대 문명 초기에 유목 민족은 이미 버터를 만들어 사용하고 있었다는 것이다. 고대 유목민들은 기둥에 걸어둔 가죽 주

아침저녁으로
기온차가 큰
고원지대에서
몽골인들은 칼로리
높은 육식을 섭취해
추위를 견뎌낸다.

머니에 소나 염소, 혹은 양이나 야크의 젖에서 얻어낸 지방질을 넣고 수평으로 저어서 버터를 만들었다고 한다. 그런데 이곳에서 맛본 버터의 제조법이 그 오래된 고대의 방식과 매우 흡사하다. 고대 유목민과 비슷한 방식으로 버터를 만들고 있다면, 1000년 전 음식들의 흔적도 어렵지 않게 찾아볼 수 있지 않을까? 점점 기대감이 밀려들었다.

초원에 가을이 찾아오면 유목민들은 바빠진다. 다가올 겨울을 날 음식과 내년 여름을 대비한 음식을 준비해야 하기 때문이다. 어뜨게를 씨 가족은 찬바람이 본격적으로 불어오는 9월 초가 되면 이곳을 떠나 남쪽으로 이동할 예정이라고 말했다.

몽골국립대학교 식품영양학과 엉거대 교수님은 "몽골의 음식은 하얀 음식과 빨간 음식으로 구분된다"고 일러줬다. 가축의 젖에서 얻은 유제품들, 예컨데 게르 안에서 맛본 버터라든지 요구르트, 그리고 아롤이 하얀 음식에 해당되고, 가축에서 얻은 모든 고기를 빨간 음식이라고 부른다. 하얀 음식은 '청렴'과 '진심'을, 빨간 음식은 '풍요로움'을 상징한다. 또한 하얀 음식은 사시사철 먹을 수 있지만, 빨간 음식은 잡아놓은 고기가 쉬이 상하는 여름이 되기 전에, 가을부터 내년 여름에 먹을 것까지 준비하는 것이 유목민들의 풍습이라는 말도 덧붙였다.

몽골인들이 채소를 섭취하기 시작한 것은 최근의 일로, 대대로 전해져 내려오는 대부분의 몽골 전통음식은 고기음식이다. 중앙아시아의 고원지대는 아침저녁으로 기온차가 커서 칼로리가 높은 육식을 섭취해야 추위를 견딜 수 있다. 근대화가 시작되면서 몽골의 도시음식은 외부의 영향을 받아 변화했다고 한다. 그러나 초원에서 생활하는 유목민들의 음식은 예전이나 지금이나 크게 달라지지 않았다. 바로 그들이 처한 자연환경 때문이다. 고기로 조리한 음식의 종류만도 백 가지가 넘는다는 몽골음식, 그 중에는 분명 1000년 전 한반도에 전해졌음직한 고기음식들이 있을 것 같다.

# 첫 번째 음식, 몽골식 육포 보르쯔

올 겨울과 내년 여름을 나기 위해 준비해둔 음식들을 보여주겠다며, 어뜨게를 씨 부인 어융거는 나를 게르 밖으로 이끌었다. 게르 앞마당—저 넓은 초원이 모두 앞마당이겠지만 게르의 코앞이니 앞마당이라고 해두자—에는 나무로 기둥을 세우고 그 위에 비를 피할 정도의 작은 슬레이트를 얹은 가건물 같은 것이 있었다. 그 지붕 위에는 아롤을 말리고 있고, 지붕 아래에는 마치 빨래처럼 고기조각들이 줄줄이 걸려있다.

찬바람이 불어오기 시작하면 지방질이 적은 소의 허벅지 부위 살코기를 잘라 바람에 말려두는데 이것이 '보르쯔'라는 음식이다. 가을부터 말리기 시작해 4월까지 보르쯔를 만드는 작업은 계속된다. 날씨가 서늘할 때는 생고기를 먹을 수 있지만 날이 더운 여름철에는 고기를 보관하기 어렵기 때문에 오래전부터 고기를 말려 저장해두는 것이다.

보르쯔를 보니 우리나라의 육포가 생각난다. 우리 육포는 간장과 설탕, 후추, 물엿 등으로 간을 해 대추나 실백, 잣으로 고명까지 얹어 말리지만, 보르쯔는 아무런 양념도 하지 않은 채 자연 바람으로만 말려낸다.

술안주나 간식으로 육포를 먹는 우리와 달리 몽골인들은 보르쯔를 다양한 방식으로 섭취한다. 이동을 하는 동안 씹어 먹기도 하고 밥을 할 때 보르쯔를 넣기도 하고, 보르쯔로 끓여 탕으로 먹기도 한다는 것이다.

# 두 번째 음식, 갈비찜을 연상시키는 허르헉

몽골에서는 귀한 손님이 오면 꼭 대접하는 음식이 있다고 한다. '허르헉'이라는 음식이다. 허르헉은 1300년 전부터 몽골 사람들이 즐겨 먹는 대표적인 초원음식이다. 내게 허르헉을 맛보여주겠다며 어뜨게를 씨 가족들이 양떼 사이를 헤집고 들어간다. 살아있는 양을 잡는 모습을 보게 되면 차마 허르헉을 맛보지 못할 것 같아 잠시 자리를 피했다.

울란바토르 TV 국장님께 들은 이야기인데 양을 잡아 가슴에 칼집을 낸 후 심장을 움켜쥐면 순식간에 명이 끊어진다고 한다. 이런 방식으로 가축을 잡는 이유는 죽을 때 고통을 줄여주기 위한 최소한의 배려란다. 어느새 양 한 마리가 부위별로 해체됐다. 이제 허르헉을 만들 차례다.

드럼통의 윗부분을 잘라 그 안에 장작불을 떼고, 그 위에는 양 한 마리가 통째로 들어갈 만큼 커다란 압력솥을 올려놓는다. 그리고 감자와 당근, 양파, 양고기를 압력솥에 넣는데 여기에 함께 들어가는 것이 또 있다. 장작불에 미리 달궈둔 검은 돌멩이다. 뜨거운 돌멩이를 함께 넣는 이유는 고기를 빨리 익게 해주는 효과와 함께 고기의 잡냄새를 없애 고기 맛을 한층 좋게 만들기 위함이라고 한다.

허르헉이 완성되기까지는 두세 시간이 소요됐다. 저녁무렵이 되어서야 드디어 허르헉이 완성됐다. 솥뚜껑이 열리는 순간, 갈색 빛으로 먹음직스럽게 익은 양고기와 김이 모락모락 피어나는 통감자, 그리고 당근이 모습을 드러낸다. 마치 갈비찜을 연상시킨다.

허르헉은 몽골인들이 즐겨 먹는 대표적인 초원음식으로 우리나라의 갈비찜과 매우 유사하다.

그런데 잘 익은 고기를 쟁반에 담아 내놓자 어른아이 할 것 없이 고기가 아닌 돌멩이부터 먼저 집어든다. 아까 솥 안에 함께 넣었던 돌멩이다. "뜨거운 돌멩이를 양손에 쥐고 매만져주면 피로를 풀고 추위를 이기는 데 효과가 있다"는 말에 나 역시 냉큼 돌멩이를 쥐어들었다. 한 5분가량 돌을 매만지며 손을 덥힌 후에야 가족들은 고기를 한 점씩 잘라 맛보기 시작했다.

사실 난 양고기를 즐기지 않는다. 양고기 특유의 냄새를 그다지 좋아하지 않기 때문이다. 그런데 어뜨게를 씨가 내게 고기 한 덩이를 건네는 게 아닌가? 거절하자니 예의가 아닌 것 같고, 그냥 먹자니 양고기에 대한 거부감이 표정에 고스란히 드러날 것 같아 난감했다. 짧은 순간 여러 가지 생각이 교차됐다. '에라 모르겠다!' 하는 심정으로 양고기의 살점을 조금 떼어 입에 넣었는데, 한국에서 맛본 그 어떤 고기보다 부드럽고 담백했다. 게다가 양고기 특유의 냄새도 없었다. 맛만 보겠다는 처음 생각과 달리 큰 덩이를 몇 개나 더 먹었는지 모른다.

물론 갈비찜은 양고기가 아닌 소고기를 사용하고, 여러 가지 양념이 첨가된다는 점에서 허르헉과는 다른 음식이다. 하지만 큰 솥에 고기 덩어리를 넣고 쪄내는 방식은 갈비찜과 매우 유사하다.

# 칼국수의 먼 친척, 고릴테슐

게르 밖에서 남자들이 허르헉을 만드는 동안 어뜨게를 씨의 부인인 어융거 씨는 또 다른 음식을 준비하고 있었다. 일명 '고릴테슐'. 고릴테슐은 유목민들이 주식처럼 즐겨 먹는 일종의 국수요리다. 매끄럽게 깎은 나무 봉으로 밀가루 반죽을 밀어 얇은 피를 만든 다음, 이것을 칼로 썰어 국수로 만든다.

한국에서도 많이 보던 풍경이다 했더니 바로 칼국수를 만드는 것과 똑같은 게 아닌가? 국수의 길이가 중지 손가락 길이 정도로 짧다는 점이 다르다면 다른 것이었다.

어융거 씨가 국수를 써는 폼을 보니 그다지 어려울 것 같지 않아 직접 해보겠다며 칼을 건네받았다. 그런데 이게 웬걸? 내가 썬 국수는 면끼리 착 달라붙어 도무지 떨어질 생각을 않는다. 반죽을 썰 때는 손에 힘을 빼야 하는데…. 장금이의 체면이 말이 아니다.

어융거 씨와 이런저런 이야기를 나누며 국수를 만드는 동안, 어느새 육수가 완성됐다. 한국의 칼국수와 달리 고릴테슐은 양고기나 보르쯔를 넣어 국물을 끓여낸다고 한다. 어느 정도 국물이 우러났다 싶으면, 양고기를 건져내고 여기에 국수를 넣는다. 국수를 넣고 나니 안동칼국수와 다를 바 없다. 게다가 진한 국물 맛은 마치 곰국과 흡사하다.

"우리 음식과 맛이 비슷하다"고 이야기했더니 한국인 코디네이터 왈, 국수를 넣지 않고 보르쯔만 넣어 끓인 탕을 '슐르'라고 하는데, 한국의 설렁탕이 슐르에

고기를 넣고 삶아 먹는 형태의 고깃국은 서북쪽 유목민에서 유래되어 우리의 밥상에까지 오르고 있다.

서 유래한 것이란다. 슈르, 설르, 설렁…. 발음만 놓고 보면 그럴듯한 이야기다.

후일 한국에 돌아가 음식학자에게 설렁탕의 유래에 대해 물었다. 그가 답하길, 설렁탕이라는 이름에는 여러 가지 설이 있다고 한다. 사학자이자 문인인 최남선(崔南善, 1890~1957)은 고기를 삶아 끓인 국을 뜻하는 몽골어 '슐루'와 즙(汁)을 일컫는 일본말 '시루'가 합쳐져 설렁탕이라는 이름이 생겨났다고 하고, 또 어떤 이는 설렁설렁 끓인다 해서 설렁탕이라는 이름이 붙여졌다 주장하기도 한단다. 또 다른 설도 있다. 조선시대에는 경칩을 지나 첫 번째 돼지날(亥日)이 되면 선농단(先農壇)을 쌓고 풍년을 기원하는 제사를 지냈다고 하는데, 이때 소와 돼지를 잡아 통째로 제사상에 올려놓았다고 한다. 그리고 제사가 끝나면 소는 국을 끓이고, 돼지는 삶아 썰어서 임금과 백성이 모두 나눠 먹는 풍습이 있었다는 것이다. 고로 설렁탕이라는 이름은 선농단이 변형된 것이라는 주장이다.

이유야 어찌됐건 고기를 넣고 삶아 먹는 형태의 고깃국은 서북쪽 유목민에서 유래된 음식이라고 한다. 삼국시대에도 우리 민족은 고깃국을 끓여 먹었지만, 그 명맥이 끊겼다가 고려 말 원나라의 영향으로 다시 부활한 것으로 보인다는 말도 덧붙였다. 전해진 시기가 언제였건 간에 저 먼 몽골 초원의 음식이 우리의 밥상에 오르는 음식과 유사하다는 사실은 참으로 흥미로운 일이다.

## 음식문화의 용광로가 되다

　이튿날, 울란바토르 시내에 있는 몽골 전통음식점에 가니 더 많은 몽골의 전통음식을 맛볼 수 있었다. 주방장이 내놓은 다양한 몽골 전통음식들은 초원에서 맛본 음식들에 비해 화려했다. 아무래도 외국인 관광객을 상대하는 것이니까 데코레이션에 신경을 많이 쓴 듯하다. 알록달록 치장을 한 음식들을 하나하나 살펴보니 우리 음식과 닮은 점이 많이 눈에 띈다. 왕만두처럼 보이는 '보쯔'는 우리 만두와는 달리 고기로만 속을 채우는 것이 특징이다. 양을 삶아 수육처럼 내놓은 '수바르'는 소고기 수육을 닮았고, 소고기에 양배추와 감자, 당근, 파를 넣고 끓여내는 '너거테슐'은 소고기 무국을 연상시킨다. 또 양 피와 메밀가루, 야생 마늘과 부추를 섞어 속을 만든 후 이 속을 양의 창자에 넣어 솥에서 끓여낸 '게대스'라는 음식은 돼지가 양으로만 바뀌었을 뿐 우리의 순대와 거의 똑같다.

　유독 우리 음식과 공통점이 많은 몽골의 음식들, 그 음식들 중 일부는 원나라 때 우리나라에 전해졌다고 한다. 그래서일까? 가축의 살코기뿐 아니라 가축의 거의 모든 부위를 음식 재료로 활용한다는 것과 고기를 이용한 탕이나 찜 문화가 발달했다는 것도 우리와 몽골음식의 공통점이다.

원나라와 고려의 음식 교류에 관한 이야기를 좀 더 자세히 듣기 위해 몽골국립대학교에서 한국학을 연구하는 채랭도르지 교수님과 함께 몽골국립박물관을 찾았다. 2층 전시관에는 유라시아에서부터 동북아시아에 이르는 거대한 제국을 건설했던, 그래서 몽골 역사상 최고 전성기로 불리는 13세기 원나라의 유물들이 전시되어 있다. 2층 전시관에 들어서면, 어른 열 명이 들어가고도 남을 정도의 거대한 솥이 제일 먼저 눈에 들어온다. 채랭도르지 교수님은 몽골제국 때 사용하던 '흑룡 솥'을 소개하며, 몽골제국이 세계를 재패할 수 있었던 여러 가지 요인 중 하나로 음식문화를 꼽았다.

몽골제국의 군대는 기동력과 조직력, 그리고 용맹성을 겸비한 세계 최강의 군대로 꼽힌다. 그런데 몽골제국의 군대가 기동력을 발휘할 수 있었던 것이 바로 유목민 특유의 음식문화 덕분이었단다. 몽골의 군인들은 전장에 나갈 때 소고기를 말린 보르쯔를 휴대했는데, 수분이 빠져나간 소고기는 가벼워서 휴대하기 편했을 뿐 아니라 이동하는 중에도 한 끼 식사를 해결할 수 있었다는 것이다. 또한 군장을 풀었을 때는 큰 솥을 걸고 보르쯔를 넣은 후 탕으로 끓여 먹기도 했다고 한다. 육식을 주식으로 했던 몽골군은 본국에서 휴대해온 보르쯔나 전쟁터에서 사냥한 고기로 식량을 충당할 수 있었던 것이다.

간혹 대하사극을 보면, 군량미의 보급로를 차단하거나 군량미를 쌓아둔 창고를 불태워 적군을 물리치는 이야기가 나온다. 굶주린 적을 상대하는 것은 적의 손발을 묶어놓고 싸우는 것과 매한가지였을 것이다. 그런데 보르쯔와 사냥을 통해 군량미를 해결했던 몽골군에게는 그런 전술이 통하지 않았을 것 같다. 몽골제국의 군대가 한반도에 들어온 것은 1231년, 그로부터 30년 동안 고려는 원나라와 전쟁을 치러야 했다. 하지만 고려는 그 이후로도 100년 가까이 원나라의 간섭을 받아야 했다. 수많은 원나라 사람들이 고려로 들어오고, 고려에서도 왕족부터 서민까지 다양한 신분의 사람들이 원나라로 건너갔을 테다. 채랭도르지 교수님은 당시 원나라에서는 고려의 복식과 음식, 기물이 유행했는데, 이를 두

고 '고려양(高麗樣)' 혹은 '고려풍'이라 불렀다고 했다.

반대로 고려에서 유행하던 원나라의 복식이나 음식을 '몽골풍'이라 불렀다고 한다. 서로 다른 민족과 문화가 섞이면서 우리의 생활상도 변하기 시작했는데, 음식도 예외는 아니었단다. 우리가 즐겨 먹는 두부나, 한국을 대표하는 술인 소주도 당시 원나라를 통해 들어온 음식문화라고 한다.

하지만 무엇보다 가장 큰 변화는 육식의 부활이었다. 육식 위주의 식습관을 가진 몽골인들이 고려로 대거 이주하면서 그들의 음식문화가 고려에 널리 퍼진 것이다. 당시 고려에 들어온 몽골인들을 '달단인(獺靼人)'이라 불렀다.

앞서 정혜경 교수님이 이야기한 것처럼, 고려인들은 도축에 서툴렀기 때문에 달단인들은 도축을 업으로 생계를 이어갔다고 한다. 이것이 곧 백정의 시초였다. 역사학자인 이희근 선생은 〈우리 안의 그들, 역사의 이방인들〉이라는 책에서 조선초기 여러 문헌을 통해 달단인의 존재를 확인할 수 있다고 적고 있다. 〈태종실록 太宗實錄〉과 〈세종실록 世宗實錄〉에는 몽골인의 후예인 달단인들이 황해도와 평안도, 함경도 일대에서 우유를 짜고 도축을 하는 등 그들의 고유 생활방식인 목축을 유지하며 살았다고 적혀있다는 것이다.

고려 말, 한반도에 들어온 몽골의 음식은 숭불사상(崇佛思想)으로 금기시되어 왔던 우리 민족의 육식문화를 부활시켰을 뿐만 아니라 원나라의 조리법들을 기반으로 고기음식을 더욱 다채롭게 만드는 발판을 마련했다. 1715년, 조선 숙종 때 홍만선(洪萬選, 1643~1715)이 편찬한 가정생활서 〈산림경제 山林經濟〉에 등장하는 육류 조리법 중 60%가 원나라의 조리서인 〈거가필용 居家必用〉을 인용했다고 한다. 양의 머리를 삶아 편을 썰어 내놓은 '자양두', 양고기를 삶아 수육

육식 위주의 식습관을 가진 몽골인들이 고려로 대거 이주하면서 그들의 음식문화가 고려에 널리 퍼졌다.

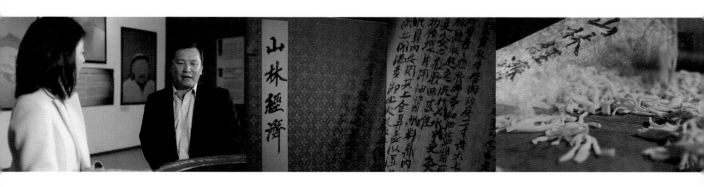

처럼 내는 '자양육', 양의 내장을 날 것으로 양념해 먹는 '양육회방'은 양고기가 소고기로 바뀌었을 뿐 소머리 편육, 소고기 수육, 천엽이나 콩팥, 간 회와 조리법이 동일하다. 원나라의 고기 조리법이 우리 음식에 영향을 미쳤다는 사실을 확인할 수 있는 대목이다.

조선시대 왕실에서만 먹었다던 타락죽(우유를 넣어 끓인 죽)도, 육회도 몽골족의 영향을 받아 탄생한 음식들이다. 하지만 몽골인들이 즐겨 먹던 아롤이나 버터, 요쿠르트는 고려에 정착하지 못했다. 그 이유는 목초지가 적었던 탓에 젖소를 키우기 힘들었기 때문이다. 게다가 한우는 젖이 적었던 탓에 타락죽 정도는 몰라도 아롤이나 버터, 요쿠르트를 만들기에는 그 양이 턱없이 부족했다. 다양한 몽골의 음식이 고려에 전래됐지만, 한반도의 여건에 맞는 음식들만 살아남았고, 한국인의 입맛이 더해져 새로운 음식으로 변모해간 것이다.

피로 물든 전쟁의 역사 속에서 수많은 음식들이 탄생했다니 참으로 아이러니한 일이다. 그리고 보면 우리가 즐겨 먹는 부대찌개 역시 한국전쟁을 통해 생겨난 음식이다. 전쟁이라는 난리통 속에서도 사람들은 낯선 문화를 자기 것으로 받아들이고, 그 속에서 또 새로운 문화를 싹틔운다. 그 대표적인 것이 음식이 아닌가 싶다. 지금 우리의 밥상에 오르는 음식들 속에는 한민족이 걸어온 길이 켜켜이 쌓여있다. 이 땅에서 오랜 세월 갖은 풍상을 견디며 살아온 옛 사람들의 삶과 지혜가 알알이 박혀있다. 그렇기에, 음식은 단순한 먹거리가 아니라 한국인의 삶을 대변해주는 산물이자, 우리 민족의 오랜 삶을 되돌아보게 해주는 소중한 선물이다.

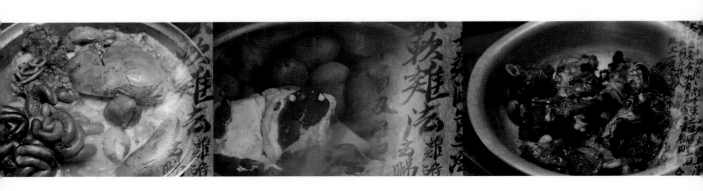

제 四 장  조선의 양반들, 소고기를 탐하다

평소에는 고기보다 채소를 즐기지만, 고기음식에 관한 다큐멘터리를 촬영하면서 일 년은 먹었을 다양한 고기음식을 모두 맛본 것 같다. 얇게 저민 소고기에 찹쌀가루와 계란으로 옷을 입혀 부쳐내는 육전, 쫄깃한 식감이 고스란히 살아있는 편육, 배 채와 육질이 한데 어우러져 만들어내는 독특한 식감의 육회, 갖은 버섯과 채소를 넣고 함께 끓여낸 소고기 전골, 수원에서 맛본 엄청난 크기의 갈비구이. 다진 소고기를 석쇠에 올려 구워 먹는 언양식 불고기와 국물에 밥을 비벼 먹는 맛이 일품인 평양식 불고기까지. 우리 민족의 고기음식은 그 어떤 민족의 음식보다 다양한 듯하다. 조리법은 또 어떠한가? 끓이고 삶고 찌고 볶고 지지고 말리고 삭히고 굽고…. 무궁무진한 조리법을 가지고 있는 것이 한국인의 고기음식이다. 몇몇 음식들은 근대에 들어서 탄생한 것도 있지만 지금 우리가 즐겨 먹는 대부분의 고기음식은 조선시대 때 탄생한 것이란다.

고려 말, 화려하게 부활한 육식문화는 조선시대에 들어서 꽃을 피웠다. 어느 논문에 의하면, 돼지고기의 조리법이 50종, 양고기의 조리법이 29종인데 반해 소고기는 그 조리법이 149종이나 됐다. 다른 육류에 비해 소고기로 만든 음식의 종류가 월등히 많은 이유가 뭘까? 호서대학교 정혜경 교수님은 "조선시대에는 소고기가 매우 귀한 음식이었다. 그러다 보니 머리부터 발끝까지 버리는 부위도 없고, 조리법 역시 다양하게 발전했다"고 전한다.

몇 년 전 양주에 놀러 갔을 때, 우연히 '소놀이굿'이라는 것을 본 적이 있다. 무당과 마부, 그리고 송아지 탈을 쓴 이가 함께 나와 주거니 받거니 재담을 나누는 것을 보면서 소는 다른 가축보다 우리 민족에게 친근한 동물이었나 보다, 그러니 소놀이굿도 생겼겠지 생각했던 기억이 난다. 농사가 국가의 기반이었던 조선

우금령을 피하기 위해 갖가지 수를 내어 소를 잡는 사람들도 있었다.

소고기 조리법의 종류

국 • 30가지
찜 • 15가지
편육 • 16가지
조림 • 7가지
누르미 • 4가지
전골과 신선로 • 9가지
조치 • 4가지
순대 • 4가지
족편 • 7가지
즙 • 4가지
구이 • 33가지
전 • 15가지
포 • 17가지
젓갈, 식해 • 1가지
장 • 6가지
후제 • 1가지
회 • 11가지

시대, 소는 농사를 짓는데 꼭 필요한 가축이었다. 지금이야 트랙터가 있어 논밭을 갈고, 흙을 부수고, 물건을 운반하는 일까지 모두 소화해내지만, 예전에는 쟁기를 끄는 것도, 짐을 실어 나르는 것도 모두 소의 몫이었다. 그러니 소를 다른 가축과 동격으로 취급할 수 없었을 것이다.

조선을 건국한 태조는 "소를 사사로이 도살하는 것은 마땅히 금지령이 있어야 한다"면서 우금령(牛禁令)을 내렸고, 이를 한성부(漢城府)가 관장하도록 했다. 뿐만 아니라 소고기를 사먹는 사람 역시 "도살범을 비호했다"는 이유로 처벌대상에 넣었다. 소를 남몰래 도축했다는 이유로 곤장을 맞는 것은 다반사요, 심한 경우에는 사형에 처해진 일화도 있다고 한다. 백성의 밥상에 오르는 먹거리까지 국가에서 관리했다는 사실이 조금 과하다 싶기도 하지만, 어찌 생각해 보면 소 없이 농사를 지으면 수확량이 줄고, 수확량이 줄면 국가 재정에도 타격을 입었을 테니 우금령을 내린 까닭을 알 것도 같다.

그런데 하지 말라면 더 하고 싶고, 먹지 말라면 더 먹고 싶은 것이 사람의 심리 아닌가? 우금령을 피하기 위해 갖가지 수를 내어 소를 잡는 사람들도 있었다. 일단 소를 잡아놓고 다리가 부러진 소를 잡았다고 고하기도 했고, 절벽에서 소를 밀어 떨어뜨린 후 죽은 소를 잡았다고 허위로 보고하는 이도 있었다고 하니 소고기에 대한 집착이 어느 정도였는지 짐작할 수 있겠다.

서슬 퍼런 우금령이 있는 조선사회에서 소고기를 먹을 수 있는 이는 많지 않았다. 서민들에게는 그림의 떡이었고, 힘 있고 돈 많은 양반이나 왕족들이 맛볼 수 있는 특별한 식재료가 소고기였다. 구하기도 힘들었지만 비싼 가격 탓에 여염집에서는 특별한 날 소고기를 국이나 탕에 넣어 먹는 것이 고작이었다. 하지만 돈 많은 부자나 양반들은 갈비찜, 가리구이(갈비구이), 육전, 너비아니처럼 소고기를 조리해 먹는 방법을 두루 발달시켰다고 한다. 또한 소고기는 양반들의 풍류음식이 되었다. 소의 염통을 얇게 저며서 양념을 해 구워 먹는 '우심적', 눈

오는 날 대나무 꼬챙이에 꿰어 구워 먹는다는 '설야멱', 음력 10월 하룻날 화로 곁에 둘러앉아 구워 먹는 '난로회'가 바로 그것이다. 특히 난로회는 조선후기 한양을 중심으로 양반들 사이에서 큰 인기를 끌었다. 조선후기 세시풍속을 기록한 〈동국세시기 東國歲時記〉에서는 "서울 풍속에 음력 10월 초하룻날이 되면, 여럿이 화로 곁에 둘러앉아 화로에 석쇠를 올려놓고 기름장, 달걀, 파, 마늘, 산초 가루로 양념한 소고기를 구워 먹는 것을 난로회라고 한다"고 적고 있다. 조선시대 풍속화 중에도 난로회를 묘사한 작품들이 있고, 정조 역시 규장각, 승정원, 예문원의 관료들을 불러 난로회를 벌였다는 기록까지 있는 것을 보면, 궁중은 물론 양반가에서 상당히 유행했던 모양이다. 이쯤 되면, 우금령도 무색해질 만하다. 〈조선의 탐식가들〉의 저자인 김정호는 조선후기로 가면서 우금령은 여전히 유지됐지만, 예전처럼 강력한 처벌이 이루어지지 않았다고 적고 있다. 형벌보다는 벌금을 징수했다는 것이다. 천하일미를 맛보겠다는데 돈 많은 이들에게 벌금이 대수겠는가? 무려 150여 종에 이르는 우리 민족의 다양한 소고기 음식은 소 도축 금지법이었던 우금령과, 또 우금령 속에서도 소고기를 맛보고자 했던 양반들의 집요한 식탐 속에서 발전해온 것이다.

## 조선시대, 양반들이 사랑한 소고기 음식

| 음식 | 조리법 |
|---|---|
| 우심적 | 소의 염통을 얇게 저며서 양념간장(간장, 배, 설탕, 다진 마늘, 다진 생강, 파, 참기름, 깨소금, 후춧가루)로 간을 하여 구우면 쫄깃한 맛이 일품이다. |
| 설야멱 | 소고기를 저며 칼등으로 두들겨 연하게 한 다음 대나무 꼬챙이에 꿰어서 기름과 소금을 바른다. 양념이 충분히 스며들면 뭉근한 불에 구워 물에 담갔다가 다시 굽는다. 이렇게 세 차례 하고 참기름을 발라 다시 구우면 고기가 연해진다. |
| 난로회 | 화로를 피운 후 기름과 간장, 달걀, 파, 마늘, 고춧가루에 양념한 소고기를 번철에 올려 구워 먹는 음식으로 음력 10월 야외에서 여럿이 함께 먹으면 좋다. |

# 불고기 연가

여름에 음식기행을 시작했는데 어느새 겨울이다. 유난히 눈이 많았던 작년, 채 녹기도 전에 내리고 또 내려 어느새 1미터가 넘게 쌓인 눈 때문에 앞마당이 흔적 도 없이 사라져 버렸었다. 봄이 되어서야 겨우 앞마당이 제 모습을 드러낼 정도 로 눈에 지친 한 해였다. 작년의 고생을 경험 삼아 올해는 눈 폭탄을 제대로 대비 하겠다고 이런저런 준비를 해뒀다. 그런데 12월이 다가도록 눈 구경하기가 힘들 다. 그러던 차, 함박눈이 내리기 시작했다. 불과 한 시간 만에 온 세상이 하얀 설 원으로 변했다. 눈 치울 생각에 괴로운 건 어른들 뿐, 우리 집 쌍둥이는 마치 때 만난 물고기처럼 눈밭을 데굴데굴 뒹굴며 신이 났다. 눈이 오니 갑자기 설야멱이 생각난다. 눈 내리는 밤이면 양반들이 화로에 구워 먹었다는 설야멱. 비록 화로 도 없고 대꼬챙이도 없지만, 설야멱을 그리는 마음으로 불고기를 준비했다.

불고기는 한국의 대표적인 고기음식이자 가장 대중적인 고기음식 중 하나다. 음식 솜씨가 없는 주부라도 쉽게 조리할 수 있는 것이 불고기다. 나 역시 집에서 가장 즐겨하는 고기요리인데, 쌍둥이가 밥을 먹기 시작한 후부터는 일주일에 한 번은 꼭 불고기를 만들게 된다. 홍시를 넣어 불고기를 만드는 모습이 방송에 나 간 후, 주위에서 홍시 불고기에 대한 질문을 받고는 했다. 홍시를 넣은 것은 근 본도 국적도 없는 나만의 아이디어였는데 주위에서 "홍시를 얼마나 넣어야 하느 냐?"며 레시피를 물어올 때는 참으로 난감했다. 사실 내가 요리하는 대부분의 음식은 별도의 레시피가 없다. 그냥 내 취향대로 내 맘대로 만드는, 한마디로 '도전정신이 매우 투철한 음식'이라고나 할까? 그 투철한 도전정신 덕분에 우리 집 불고기는 다른 집 불고기와는 좀 다르다. 불고기를 만들 때 꼭 홍시를 고집하 지 않는다. 고기의 육질이 질긴지 부드러운지에 따라 배즙이나 매실액을 넣기도 하고, 키위나 갖은 과일을 갈아 넣기도 한다. 간장도 외간장과 어간장, 맛간장을 섞어 쓴다. 게다가 우리집 불고기에는 유독 채소가 많이 들어간다. 쌍둥이가 커가면서 자꾸 채소를 멀리 하는 것 같아 고안해낸 방법이 아이들이 좋아하는 불고기에 채소를 잔뜩 넣는 것이다. 당근과 양파, 버섯은 기본이요, 여기에 각종 파프리카를 넣거나 우엉을 채로 썰어 넣기도 한다. 채소와 고기를 골고루 먹으려면 비벼 먹는 게 최고다. 그러다보니 보통 불고기보다 육수도 많이 들어간다. 이쯤 되고 보니, 불고기라고 하기보다는 불고기 전골에 가깝게 된 것이다. 불고기가 국가대표급 한식이라는 사실에 대해 이의를 제기할 사람은 별로 없을 듯하다. 하지만 불고기라 불리는 음식이 등장한 것은 100년도 채 되지 않았다.

불고기라는 단어가 최초로 등장한 문헌은 1922년 4월 1일 〈개벽 開闢〉(1920년부터 발행된 월간 종합지) 22호에 실린 현진건(玄鎭健, 1900~1943)의 소설 〈타락자〉다. 그 이후 1930년대에 들어서면서 여러 문헌과 자료, 심지어 대중가요에서도 불고기라는 단어가 등장한다. 서울대학교 이기문 교수님은, 불고기는 광복 이전까지 평안도에서만 쓰는 방언이었는데, 광복 이후 피난민들과 함께 서울로 내려온 것이라고 이야기한다. 요즘에도 평양식 불고기가 유명한 것을 보면 오래전부터 불고기는 평양의 대표적인 음식이었던 모양이다. 1935년 동아일보 기사에는 '모란대 명물 불고기 금지'라는 기사가 실렸다고 한다. 내용을 풀이해 보면, 평양 모란대의 명물 음식인 불고기를 야외에서 굽는 것을 금지한다는 내용이란다. 정부에서 금지령을 내릴 정도였다면 당시 평양 사람들은 불고기를 꽤나 즐겼던 모양이다. 식문화를 연구하는 이들의 말에 따르면, 1933년 평양에서 육식을 목적으로 소를 키우기 시작했는데 '평양우'가 부드럽고 맛있기로 정평이나 평양의 명물로 꼽혔다는 것이다. '불고기'가 평양식 방언이라면 서울과 다른 지방에서는 불고기를 어떤 이름으로 불렀을까? 불고기의 본래 명칭을 알기 위해서는 불고기의 기원을 찾아볼 필요가 있다.

불고기의 기원에는 여러 가지 설이 있지만 조선시대 설야멱에서 진화된 음식이라는 설이 가장 유력해 보인다. 전통음식 연구가 윤숙자 선생님이 재연한 설야멱의 조리법은 다음과 같다. 참기름과 간장, 파, 생강과 후추로 양념한 고기를 꼬치에 꿴 후 숯불 속에 넣고 재를 덮어 굽는다. 고기가 막 익기 시작하면 냉수에 담그고, 다시 재 속에 넣어 굽기를 3번 반복한 후 양념을 다시 발라 구워낸다. 설야멱의 조리법은 요즘의 불고기와는 다르다. 설탕이나 꿀도 들어가지 않고 국물도 없다. 게다가 냉수에 식혔다가 다시 익히는 과정을 반복하는 독특한 조리법이다.

윤숙자 선생님은 "우금령이 있었던 조선시대에는 먹을 수 있는 소가 많지 않았다. 늙어서 농우로서의 삶을 은퇴했거나 이미 죽은 소를 주로 먹었기 때문에, 아마도 고기가 매우 질겼을 것이다. 그 질긴 고기를 연하게 하기 위해 냉수에 반복해서 담그는 조리법을 사용했던 게 아닐까 하는 추측을 해본다"고 말하며 조리법의 배경을 설명했다. 훗날 이 설야멱은 너비아니라는 이름으로 불리게 된다. 너비아니는 궁중 불고기로 알려져 있다. 물론 설야멱처럼 냉수목욕을 시키거나 꼬치에 꿰지는 않지만 양념을 해서 직화에 굽는다는 점이 너비아니와 설야멱의 공통점이다. 불고기가 대중화되기 시작한 것은 1960년대, 불고기 전문점이라고 간판을 내건 식당들이 등장하면서부터다.

집에서 불고기를 만들어 먹을 때도 있지만, 즉석에서 불판에 구워 먹는 불고기가 그리울 때도 있다. 그럴 때면 남편과 함께 찾는 불고기 집이 있다. 서울에서 가장 오래된 불고기 전문점 중 하나인 '한일관'이다. 한일관 불고기는 무엇보다 야들야들한 등심과 담백하고 개운한 육수 맛이 일품이다. 1939년에 개업을 했다고 하니 근 80년의 노하우가 육수에 녹아 있는 것 같다. 그런데 처음 한일관을 오픈할 당시만 해도 지금과 같은 형태의 불고기가 아니라 너비아니 같은 형태의 불고기였다는 것이 한일관 사장님의 설명이다. 그 후 1968년에 명동점을 열면서 육수를 부을 수 있는 볼록한 불판을 선보였는데, 반응이 좋아 그 후로 쭉 그 방식을 유지하고 있다고 한다.

설야멱에서 너비아니로, 그리고 숯불에 구워 먹는 불고기에서 육수불고기로 변화해오는 동안 조리의 형태만큼이나 양념도 달라졌다. 1715년 〈산림경제〉에 등장하는 너비아니의 조리법을 보면 소금, 간장, 술, 참기름, 식초, 파, 밀가루가 양념으로 쓰였다고 적혀있다. 소금과 식초, 밀가루가 들어간 너비아니라니 어떤 맛일지, 맛을 그려내는 재주가 있는 장금이라면 모를까, 내게는 도저히 그 맛이 그려지지 않는다. 1815년 〈규합총서〉에 등장하는 너비아니는 생강과 참기름, 후추, 단 세 가지가 양념으로 등장한다. 하긴 지금도 수원갈비는 소금으로만 간을 한다. 수원갈비의 가장 큰 특징은 갈빗대 하나가 보통 갈빗대의 두세 배는 될 만큼 큼직하다는 것과 간장 대신 소금을 이용해 간을 한다는 점이다. 수원갈비의 다른 이름은 왕갈비다. 크기가 커서 왕갈비라 불리기도 하지만 옛날에 왕이 먹던 음식이어서 왕갈비라는 이름이 붙여졌다는 설도 있다. 그러고 보면 소금, 파, 마늘, 후추, 설탕만으로 간을 하는 수원식 갈비 양념법은 일제시대 〈조선요리법, 1938년〉이라는 조리서에 등장하는 너비아니와 비슷하다.

사람의 입맛이 제각각이다 보니 집집마다 고기 양념법도 차이가 있는데, 개인적으로 나는 단맛을 좋아한다. 그래서 불고기를 조리할 때면 다른 주부들보다 과일즙을 많이 넣는다. 게다가 고기에 설탕이나 과일즙 같은 당분을 넣으면 고

## 시대별 너비아니 구이의 양념재료

| 1715년 산림경제 | 1766년 증보산림경제 | 1815년 규합총서 | 1827년 임원십육지 | 1938년 조선요리법 | 1943년 조선요리무쌍신식요리제법 |
|---|---|---|---|---|---|
| 소금, 간장, 술, 참기름, 초, 파, 밀가루 | 소금, 간장, 참기름 | 생강, 참기름, 후추 | 소금, 간장, 참기름, 후추 | 간장, 참기름, 깨소금, 설탕, 후추, 파, 마늘, 배 | 간장, 기름, 깨소금, 설탕, 후추, 파 |

기가 부드러워진다는 장점도 있다. 그렇다면 고기에 단맛을 가미해서 먹기 시작한 것은 언제부터일까? 설탕이나 배즙을 넣어 단맛을 낸 너비아니가 최초로 등장한 것은 1900년에 들어서면서다.

1700년대 초부터 1900년대까지 200년 동안 거의 공통적으로 쓰인 재료가 있긴 하다. 간장과 참기름이다. 하지만 조선시대에 쓰던 간장은 지금의 왜간장과는 달리 전통 간장을 사용했을 것이니 비슷한 양념을 사용했다 해도 조선시대의 너비아니와 오늘날의 불고기의 맛은 다르지 않을까? 이렇듯 음식은 여러 민족과의 교류를 통해서도 변화하지만 시대에 따라 변화하는 것이기도 하다.

자료출처: 한국 수육류 음식의 문헌적 고찰/오현승 저/2002년

| 1957년 | 1965년 | 1976년 | 1987년 | 1992년 |
|---|---|---|---|---|
| 이조궁정요리통고 | 한국요리 | 한국요리백과사전 | 한국의 맛 | 한국 음식 |
| 간장, 참기름, 설탕, 후추, 파, 마늘 | 간장, 참기름, 설탕, 후추, 파, 마늘 | 간장, 참기름, 깨소금, 설탕, 후추, 파, 마늘, 배 | 간장, 참기름, 깨소금, 설탕, 꿀, 후추, 파, 마늘, 배 | 간장, 생강, 참기름, 깨소금, 설탕, 꿀, 후추, 파, 마늘, 배 |

# 설야멱 탄생의 비밀

다큐멘터리 촬영과정에서 북경에도 우리의 불고기와 비슷한 음식이 있다는 사실을 알게 됐다. '카오양로우(烤羊肉)'라는 음식이다. 카오양로우를 맛보기 위해 베이징의 스치하이(什剎海)로 향했다. 스치하이는 북경에 온 관광객들이 즐겨 찾는 명소 중 한 곳이다. 북해공원 호숫가 주변에는 수많은 라이브 카페들이 밀집해 있다. 중국풍의 현란한 카페 건물을 끼고 골목 사이로 들어가면, 명·청 시대 건물들이 즐비하게 늘어서 있다. 이 거리는 13세기 원나라 때 조성된 골목이라고 한다. 이 거리에 북경에서 가장 오래된 음식 점 중 하나인 '고육기'가 있다. 무려 그 역사가 160년에 달한다고 하니, 청나라 때 세워진 음식점인 셈이다. 당시 이 거리에는 구이음식을 판매하는 수많이 노점들이 있었는데, 기씨 성을 가진 사람이 건물을 사 구이 전문점을 차렸다고 한다. 그것이 지금의 고육기다. 고육기의 대표적인 음식이 '카오양로우'다. 이곳의 매니저인 루지엔웨이 씨가 안내한 방으로 가니 지름이 일 미터가 넘는 거대한 불판이 놓여있다. 이 불판 위에 양념한 고기를 올린 후 긴 젓가락으로 구워 먹는 음식이 카오양로우란다. 얇게 저민 양고기나 소고기에 간장과 마늘, 닭 육수와 소금, 그리고 설탕을 넣어 버무린 후 양념을 베게 해서 구워 먹는다. 닭 육수가 들어간다는 점만 빼면, 조선시대 너비아니 양념과 매우 흡사한 것이 카오양로우의 양념이다. 그런데 이 카오양로우라는 음식이 탄생된 시기가 원나라 때라고 한다.

조영광 교수님은 "중국의 고기 조리법 역시 원나라의 영향을 많이 받았다. 그 전까지는 중국인들이 고기를 먹는 비중이 그리 높진 않았다. 그러다 원대에 몽골족이 통치하면서 그들의 습관과 취향이 자연스럽게 중국 사회 전반에 걸쳐 영향을 준 것이다. 당시 중국의 음식문화도 많이 변화했다."고 말하며 흥미로운 사

실을 덧붙였다. "그렇다면 원나라 때 탄생된 음식은 모두 몽골족의 음식일까? 그건 또 아니다. 몽골족과 한족이 결합해서 만들어낸 음식문화일까? 그것도 아니다. 더 복잡하다. 몽골족은 막강한 세력의 글로벌한 민족이었다. 몽골족이 중국을 통치한 90년간 수십만 명의 이민족들이 중국에 들어왔다. 그들을 색목인 (色目人)이라고 불렀는데, 오늘날 중앙아시아의 이슬람문화를 가진 민족들을 가리키는 말이다. 색목인들은 원 제국에서 몽골인 버금가는 사회적 지위를 누렸다. 내정은 물론이고 원정을 비롯한 대외관계에서도 원나라 정권의 두뇌 역할을 했다. 따라서 몽골족의 초지문화와 중앙아시아에 살던 색목인들의 이슬람문화, 거기다 여러 민족의 문화가 결합돼 원대 시기의 독특한 음식문화를 만들어낸 것이다" 조영광 교수님은 원나라야말로 여러 민족의 문화가 결합되고 그 속에서 또 새로운 문화가 탄생되는, 한마디로 문화 용광로였다고 말한다.

그런데 한국에 돌아와 재미있는 자료를 발견했다. 〈해동죽지 海東竹枝〉에는 설야적(雪夜炙)이라는 음식을 이렇게 설명하고 있다. "개성부의 명물로서 소갈비나 염통을 기름과 훈제로 조미하여 굽다가 반쯤 익으면 찬물에 담갔다가 센 숯불에 다시 굽는다. 눈 오는 겨울밤 안주로 좋고 고기가 매우 연하여 맛이 좋다." 그런데 설야적과 비슷한 음식으로 '설적(薛炙)'이라는 음식이 있다. 한국어 대사전에는 설적이라는 음식을 '송도 설씨(薛氏)가 시작한 데서 유래한 말로, 소고기나 소의 내장을 고명하여 꼬챙이에 꿰어 구운 음식'이라고 풀이하고 있다. 설적을 만드는 방법이 설야적이나 설야멱(혹은 설야멱적)과 같은 것으로 보아 명칭만 다를 뿐 같은 음식일 가능성이 높다는 것이 음식학자들의 설명이다. 그렇다면 설적을 처음 만들었다는 송도 설씨는 누구일까? 아쉽게도 송도 설씨에 관

음식문화란 계속 발전하고 변화하는 것이다. 다른 문화와 융합되고 또 변화하되 동시에 전통을 고수해가는 것이다.

한 기록은 없단다. 단지 경주 설씨의 시조가 위구르 사람이라는 사실은 이미 학계에서도 인정한 사실인데, 경주 설씨의 시조는 원(元)나라 때 높은 벼슬에 오른 설문질(偰文質)이라고 한다. 그의 손자인 설손이 홍건적의 난(紅巾賊─亂)을 피하여 1358년(공민왕 7년) 고려에 귀화했고, 그의 후손들은 고려 말은 물론 조선 초에도 높은 벼슬을 지낸 것으로 알려져 있다. 고려 말, 고려의 수도였던 개성에는 귀족에서부터 상인, 서민에 이르기까지 수많은 색목인들이 들어왔는데, 그때 그들의 음식문화도 함께 들어왔다는 것이다. 무슬림 고유의 빵인 '상화(霜花, 밀가루를 누룩이나 막걸리 따위로 반죽하여 부풀려 꿀팥으로 만든 소를 넣고 빚어 시루에 찐 떡)'와 설적이 대표적인 예다.

그러고 보니 소고기나 소의 내장을 꼬챙이에 꿰어 굽는 설적은 중동이나 터키의 대표 음식 '케밥'과 흡사하다는 생각이 든다. 여러 음식학자들의 추측대로 불고기의 시조격인 설야멱이 무슬림문화의 영향을 받은 음식이라면, 우리의 불고기 역시 이민족의 영향을 받아 탄생된 것이다. 하지만 케밥과 불고기의 뿌리가 같다손 치더라도 오늘날 불고기는 한국을 대표하는 음식이고, 케밥은 중동을 대표하는 음식으로 자리 잡았다. 어느 누구도 불고기와 케밥이 같은 음식이라고는 생각지 않는다. 본디 음식이라는 것은 교류를 통해 진화하고 새롭게 탄생하는 것이며, 그 과정에서 음식을 조리하고 먹는 사람들의 문화가 가미되는 것이다. 때문에 불고기의 태생이 어찌됐건 불고기는 우리의 음식임이 틀림없다. 불고기 속에 담긴 오래된 역사를 뒤안길을 되돌아보자니 새삼 조영광 교수님이 했던 말이 떠오른다. "음식이란 단순히 입과 눈을 즐겁게 해주는 것이 아니다. 그 이상의 의미를 가지고 있는 것이다."

## 육수 불고기

1 서울식, 평양식 불고기

쇠고기를 얇게 썰어 갖은 양념한 다음, 육수를 불판 가장자리에 붓고 양념한 고기를 가운데 올려 먹는 불고기다. 고기와 함께 다양한 채소와 버섯, 당면을 육수에 넣어 익혀 먹는 것이 특징이다. 과일즙을 많이 넣기에 다른 지역의 불고기에 비해 단맛이 강하다.

## 그 밖의 불고기

1 너비아니

얇게 저민 쇠고기의 등심이나 안심을 너붓하게 썰어 양념장(간장, 꿀, 설탕, 참기름, 깨소금, 다진 파, 마늘, 후춧가루)으로 가을 한 뒤 석쇠에 구워낸다. 구워진 고기 위에 잣가루를 뿌려 고명을 얹어준다. 궁중 불고기로 알려진 너비아니는 너붓너붓 썰어서 먹는 고기라 하여 너비아니라고 부른다.

2 방자구이

고기에 소금만 뿌려서 굽는 것을 방자구이라고 한다. 양념 맛을 즐기는 것이 아니라 고기 자체의 맛과 향을 즐기는 것이다. 양념 대신 파채나 상추의 겉절이를 곁들여서 먹기도 한다. 본디, 방자(房子)란 관청에서 일하는 종을 가리키는 말이다. 조선시대 종이 주인을 기다리는 도중 밖에서 고기 한 조각을 얻어 즉석에서 구워 먹었다 하여 방자구이라는 이름이 붙여졌다.

3 주물럭

소고기에 소금, 참기름, 후춧가루와 다진 마늘을 넣고 즉석에서 양념해 구워 먹는 고기를 뜻한다. 어느 식당 할머니가 미리 양념에 채워둔 소고기가 떨어지자 급한 나머지 소고기를 손으로 주물러 뜯어가며 즉석에서 양념을 하여 손님상에 올린 데서 유래했다고 한다.

# 지역마다 다른 불고기의 맛

## 석쇠 불고기

### 1 언양불고기

쇠고기는 굵게 채 썰어 갖은 양념에 재워둔다. 미리 달궈둔 석쇠에 물을 묻힌 한지를 깔고 그 위에 양념한 고기를 올려 구워 먹는 방식이다. 언양불고기의 가장 큰 특징은 고기에 있다. 도축한 지 하루가 안 된 어린 암소만을 사용하는데, 고기 자체의 맛을 살리기 위해서 양념을 많이 하지 않는다. 또는 소금 간을 한 생고기를 참숯에 구워 무쌈에 싸서 먹기도 한다.

일제시대부터 도축장이 있던 경상남도 언양에서 즐겨 먹는 불고기로 1960년대에 고속도로를 건설하면서 공사장 인부들이 모여들었고, 그 인부들에 의해 고기 맛이 널리 퍼지기 시작하면서 언양불고기가 유명해졌다.

언양불고기는 언양식과 봉계식으로 다시 나눌 수 있는데 봉계식은 숯불에 구울 때 소금을 뿌려 먹는 것이 특징이다.

### 2 광양불고기

광양식 불고기는 조선시대 때 광양에 귀향 온 선비들이 아이들을 가르쳐준 대가로 마을 사람들이 소를 잡아 대접한데서 유래했다고 한다. 광양불고기는 어린 송아지나 암소의 고기를 사용하는데, 고기를 얇게 저며 간장, 설탕, 배즙 등으로 양념한 후 석쇠에 구워 먹는다.

또한 다른 불고기처럼 미리 양념해두는 것이 아니라 먹기 직전에 양념을 하여 참숯에 구워 먹는다. 예로부터 광양지역은 숯이 유명했다. 품질이 좋은 숯 덕분에 고기가 구워지면 그윽한 숯불 향이 고기의 풍미를 더해준다.

# 일본인의 야끼니꾸, 한국인의 불고기

얼마 전 백화점의 식료품점에서 요리전문가가 만든 '일본식 야끼니꾸(燒肉)' 양념, 즉 '타레' 양념을 파는 것을 본적이 있다. 새로운 음식을 보면 맛을 봐야 직성이 풀리는지라, 양념 한 통을 사와 백화점 점원이 일러준 대로 조리해 봤다. 한국의 불고기와는 비슷하면서도 다른 맛, 미묘한 차이가 있었다. 한국 불고기 처럼 깊고 진한 맛은 없지만 산뜻한 맛이 나는 것이 일본의 야끼니꾸다.

사실 야끼니꾸라는 말 자체가 불고기를 직역한 일본어다. '야끼'가 '굽다'라는 뜻이고, '니꾸'가 '고기'라는 뜻이기 때문이다. 강남에 가면, 종종 일본풍의 야끼니꾸 가게가 눈에 띈다. 게다가 백화점에서 일본식 야끼니꾸 양념을 찾는 일도 어려운 일이 아니다. 이제 야끼니꾸는 일본을 대표하는 고기음식 중 하나가 됐다. 일본에는 무려 2만 5천 개의 야끼니꾸 전문점이 있다. 하지만 일본에서 가장 유명한 야끼니꾸 거리는 오사카의 츠루하시다. 츠루하시에 들어서면 두 집 건너 한 집은 야끼니꾸 가게일 정도다. 맛있는 닭갈비를 먹기 위해 춘천으로 가고, 떡갈비를 찾아 담양에 가듯 일본인들은 맛있는 야끼니꾸를 먹기 위해 츠루하시로 간다. 한국어와 일본어가 함께 쓰인 간판에서 알 수 있듯이 츠루하시의 야끼니꾸 가게 대부분이 재일교포들이 차린 음식점이다. 방송에서도 여러 번 소개됐지만, 야끼니꾸의 시초는 제2차 세계대전 이후 재일 한국인들이 만든 '호르몬야끼'다. 전쟁 직후라 먹을 것이 부족하던 당시, 빈곤했던 재일교포들은 재래시장에서 버려지는 소와 돼지의 내장을 주워다 구워 먹기 시작했다. 이것이 바

한국의
구이문화에서
시작된 야끼니꾸.
일본인들이 즐겨
먹는 고기 음식 중
하나이다.

로 호르몬야끼였단다. 쿄토(京都) 타치바나대학의 요시다 명예 교수님은 "1960년대에 들어서면서 일본은 패전의 상처를 딛고 고도성장을 하게 된다. 그때부터 가정에서 고기를 먹게 되었는데, 당시 재일교포들이 호르몬야끼 집을 많이 열어 그곳에 가면 싼 가격에 고기를 많이 먹을 수 있었다. 게다가 호르몬이 몸에 좋다는 인식이 있어서 더욱 인기를 끌게 됐다"라며 호르몬야끼가 일본 사회에 정착하게 된 배경을 이야기한다. 그렇게 뿌리 내리게 된 호르몬야끼가 후일 야끼니꾸의 형태로 발전했다는 것이다.

일본에 갔을 때 슈퍼마켓에 들른 적이 있다. 슈퍼마켓의 한 섹션이 모두 야끼니꾸 양념, 즉 타레 양념을 파는 코너였다. 수백여 가지나 되는 종류에 놀라 통역하는 분께 물었더니 타레 양념은 일본에서 가장 많이 팔리는 소스라고 한다. 호르몬야끼가 일본 사회에 알려지기 시작한 지 반세기만에 야끼니꾸는 일본인들이 가장 즐겨 먹는 고기음식 중 하나가 된 셈이다.

야끼니꾸가 비록 한국의 구이문화에서 시작됐다고는 하나, 일본의 야끼니꾸는 한국의 불고기와는 다소 차이가 있다. 양념을 해서 구워 먹는 한국식 불고기와는 달리, 일본 야끼니꾸는 굽고 난 후에 소스에 찍어 먹는다. 이민족의 음식에 자신들의 식문화를 더해 새로운 음식을 가공해내는 데 탁월한 재주를 가진 민족이 일본인이다. 초등학교 무렵이던가? 특별한 날이면 엄마, 아빠의 손을 잡고 찾아가던 경양식 집이 있었다. 메뉴라고는 함박스테이크, 돈까스, 생선까스, 비프까스가 전부였다. 나는 늘 양배추 샐러드와 함께 다소곳이 접시에 담긴 함박스테이크를 주문하고는 했다. 한 손에 나이프를, 또 한 손에는 포크를 들고 어설픈 칼질로 고기를 조각낸 후, 한 조각을 찍어 입에 쏘옥 넣을 때면 내가 마치 동

화 속 소공녀라도 된 듯한 기분이었다. 나의 유년 시절의 추억 속 경양식 역시 일본인들이 만들어낸 서양음식 아니던가? 한국의 구이 문화가 일본 사회에 전해진지 반세기, 어느새 야끼니꾸도 일본 식문화의 하나로 자리 잡았다.

일본 쿄토에 있는 한 가이세키 전문점이 그 대표적인 예다. 회석요리(會席料理)라고도 불리는 가이세키 요리는 에도시대(江戶時代)부터 전해져 온 연회요리다. 보통 1즙 3채, 1즙 5채, 2즙 5채로 차려지는데, 여기서 즙은 국을 뜻하며, 채는 반찬을 이르는 말이다. 가이세키 요리는 대개 생선이나 채소 위주로 이뤄지는데, 같은 재료와 같은 조리법, 같은 맛이 중복되지 않도록 찬을 구성하는 것이 특징이다. 그런데 최근 쿄토에서 인기를 끌고 있다는 가이세키 전문점은 전체 코스 음식이 소고기로 구성되어 있다. 살짝 구운 소고기를 얹은 초밥에서부터 소고기 육회, 그리고 한 입 크기로 잘라 각기 다른 소스로 얹은 야끼니꾸용 소고기 등이다. 그릇 위에 정교하게 세팅된 소고기를 보고 있노라면, 이것이 소고기인지 아니면 양과자인지 구분이 안갈 정도로 화려하다. 이것이 이 음식점의 가이세키 요리다. 테이블 역시 일반 가이세키 음식점과는 다르다. 마치 한국의 불고기 전문점처럼, 테이블 중앙에는 화로가 설치되어 있고 그 화로에 숯불을 피워 소고기를 한 점씩 구워 먹으며 그 맛을 음미한다. 하지만 같은 종류의 소고기를 1인분, 2인분씩 구워 먹는 우리의 구이문화와는 또 다르다. 접시에 놓인 고기는 각 부위별로, 각 양념별로 기껏해야 서너 점이 전부다. 부위에 따라 쫄깃하고 부드럽고 감칠맛이 나며, 양념에 따라 달큰하고 톡 쏘고 고소한 맛도 난다. 한 접시 위에 소고기만을 이용해 다양한 맛을 구현해낸 일본식 야끼니꾸, 마치 여러 종류의 생선으로 구성된 모듬회나 모듬초밥을 보는 듯하다. 소고기를 불판위

일본은 이민족의 음식에 그들만의 색을 입혀 새로운 식문화를 만들어가고 있다.

에 구워 먹는 야끼니꾸가 본 코스의 메인요리임은 분명하나 코스를 구성하고 있는 음식의 짜임새는 분명 일본의 가이세키 요리나 사시미, 혹은 스시를 연상시킨다. 햄버거에 넣어 먹던 고기 패티(patty)를 함박스테이크로 그럴싸하게 변형시켰듯, 일본으로 건너간 한국의 구이문화에 일본의 색을 입혀 그들만의 새로운 식문화를 만들어가고 있는 것이다.

예전에 일본 방송에 출연한 걸그룹의 음식 발언이 네티즌들의 빈축을 산 적이 있다. 사회자가 좋아하는 일본 음식이 무엇이냐고 묻자, 그 중 한 명이 야끼니꾸라고 답을 했는데 그 발언이 불씨가 된 것이다. 불고기를 놔두고 왜 야끼니꾸냐고 반문한 한국인도 있었고, 전통 일본음식도 많은데 구태여 재일한국인들이 만든 야끼니꾸를 꼽느냐는 일본인의 반응도 있었던 것으로 안다. 물론 그녀의 말 한마디에 예민하게 반응을 보인 이들은 소수였지만 말이다.

본디 음식이라는 것은 시대에 따라 또 그것을 조리하고 먹는 이들에 따라 변화한다. 우리가 즐겨 먹는 음식들 중에도 일본의 야끼니꾸같은 처지의 음식들이 있다. 예를 들면 짬뽕이나 짜장면, 부대찌개 같은 것들 말이다. 짬뽕은 원래 일본 나가사키의 화교들이 팔던 '시나우동'에서 유래한 것이란다. 일본에서는 '잔폰'으로 불리던 시나우동이 한국으로 건너와 짬뽕이 됐다는 것이다. 짜장면 역시 마찬가지다. 중국에도 '짜짱멘'이라는 국수가 있지만 한국의 짜장면과는 모양만 비슷할 뿐 전혀 다른 맛이 난다. 부대찌개 역시 전쟁 직후, 미국 부대에서 나온 부산물을 넣어 끓인 음식이다. 이것은 순전히 내 사적인 생각이지만 나는 짬뽕, 짜장면, 부대찌게도 한국음식이라고 생각한다. 왜냐하면 전 세계 어디에서도 맛볼 수 없는 음식이며, 한국인이 즐겨먹는 음식이고, 또 한국인의 추억이 서린 음식이기 때문이다.

# 제 五 장 섞임과 공존의 밥상을 차리다

다큐멘터리 촬영이 거의 끝나갈 무렵, 경기도에서 열린 다문화 모임에 초대를 받았다. 경기도 여주 시에 사는 다문화 여성들의 음식 나누기 모임이다. 모임 장소인 지미당에 들어서자 음식냄새가 솔솔 풍겨온다. 음식 준비가 한창인가 보다. 부엌문을 열고 안으로 들어가자, 음식을 차리던 손을 멈추고 반갑게 나를 맞아준다. 상위에 차려진 갖가지 음식들, 모두 그들의 고향음식이란다. 친정을 지척에 둔 나도 가끔씩은 엄마가 차려주던 밥상이 그리울 때가 있는데, 그들에겐 더욱 더 그리운 것이 고향이고, 또 친정일 것이다. 고향에 두고 온 가족과 친구는 물론 친정어머니의 따뜻한 말 한마디, 친정어머니가 차려주던 음식도 그리울 법하다. 고향에서 먹던 음식을 함께 나누어 먹으며 향수를 달래는 모임을 만드는 것도 그 때문이란다. 한국음식 중 가장 적응하기 힘들었던 음식이 무엇이냐 물었더니 스레이소피 씨는 단숨에 "된장찌개요."라고 답을 한다. 한국에 시집와 난생 처음 맛본 된장찌개를 사흘 걸러 하루씩 끓여내는 일이 처음에는 가장 큰 고역이었단다. 하지만 이젠 제법 된장찌개 맛을 즐기게 됐다며 웃는다. 반면 한국음식 중 가장 좋아하는 음식으로 대부분 불고기를 꼽았다. "저는 양념에 매실 엑기스를 넣어요. 그러면 고기의 비린내가 없어지거든요."라며 누군가 비법을 공개하자 다들 맞장구를 친다.

한국음식에 친숙해진다는 것은 그만큼 한국의 생활에, 또 문화에 익숙해지고 있다는 뜻이 아닐까? 나도 그들이 차린 음식을 통해 그들과 더 가까워지고 싶었다. 몇몇 음식들은 내게도 익숙한 음식이지만 대부분은 처음 보는 음식들이었다. 일본에서 시집온 사카이아야 씨는 '니꾸자가(일본식 돼지고기 감자볶음)'를, 캄보디아에서 온 스레이소피 씨는 '록락(후추와 레몬으로 양념한 캄보디아식 스테이크)'을, 베트남에서 온 윤하 씨는 '월남쌈'을, 몽골에서 온 지윤 씨는 양고기 만두를, 중국에서 온 명자 씨는 '홍쏘로우(돼지고기에 간장양념을 넣고 조린 음식, 일명 동파육)'를, 그리고 필리핀에서 온 지날린 씨는 '아도보(간장, 식초, 마늘, 설탕, 통후추를 넣고 양파와 함께 조린 돼지고기)'를 준비해오셨다. 그 밖에도 인도네시아에서 온 유리산 씨가 준비해온 소고기 볶음은, 이름은 기억나지 않지만 코코넛 향이 나는 독특한 맛이었다. 대부분이 처음 맛보는 음식인데도, 거부감이 이는 음식은 없었다. 어떤 것은 우리 음식과 비슷한 맛이 나기도 했다. 나 역시도 이 모임을 위해 준비한 음식이 있다. 불고기다. 미리 양념해둔 불고기를 팬에 볶아 접시에 담고 나니, 어느새 다른 주부들의 음식도 모두 완성된 모양이다. 그렇게 그 분들이 조리한 음식을 모두 한 상에 차려 놓았더니 어느새 아시아 8개국의 음식이 한자리에 모였다. 서로 다른 피부색을 지녔고 다른 문화를 누리며 다른 언어를 쓰며 살아온 이들이지만, 하나의 밥상 앞에 앉아 서로의 음식을 나눠 먹으니 한층 그들이 가깝게 느껴진다. 지난 가을 문호리에서 집들이를 하던 때와는 또 다른 친근함이다. 아시아 8개국에서 온 각기 다른 맛이지만 제법 조화롭다는 생각이 든다. 어쩌면 오늘 우리가 밥상 위에 차린 것은 단지 음식이 아니라 공존과 섞임이 만들어낸 하모니가 아니었을까? 밥 한 끼를 나누는 조촐한 모임이었지만, 음식을 통해 어우러졌던 그 날의 기억은 오래도록 잊히지 않을 것 같다.

얼마 전 뉴스에서 2013년 결혼이민자의 수가 28만 명을 넘어섰고, 2050년에는 다문화 가족의 인구가 2백만 명이 넘어설 것이라는 보도내용을 접한 적이 있다. 게다가 한국에 체류하고 있는 외국인의 수가 이미 140만 명을 육박했으며, OECD 국가 중 외국인 거주자가 가장 빠른 속도로 늘고 있는 나라가 한국이라고 한다. 다양한 문화가 공존하는 사회가 멀지 않았음을 뜻한다. 아니 어쩌면 이미 우리는 그런 사회의 중심에 서 있는지도 모르겠다.

오늘 우리가
만들어낸 이
음식들은 공존과
섞임의 하모니가
아니었을까?

다문화 모임에서 맛본 음식들은 아직은 내게 낯선 음식들이다. 하지만 머지않아 이 낯선 음식들이 우리의 밥상에 오를지도 모른다. 그리고 어쩌면 우리의 음식과 한데 섞여 새로운 한국의 맛을 만들어낼지도 모른다. 굳이 다문화사회라는 거창한 이야기를 꺼내지 않더라도 우리는 이미 예전과는 다른 시대에 살고 있다. 1000년 전에는 전쟁을 통해 혹은 교역을 통해 어렵게 이민족의 음식들이 이 땅으로 건너왔지만, 지금은 손가락으로 인터넷 한 번 클릭하면, 지구 반대편에 있는 맛집을 검색할 수 있으니 말이다. 지구는 점점 작아지고, 국가 간 민족 간의 거리는 점점 가까워지고 있다. 그만큼 다양한 맛이 교류하는 사회에 우리는 살고 있는 것이다.

조영광 교수님은 제작진과의 인터뷰에서 이런 말을 하셨다. "길고 긴 인류 역사를 통틀어 봐도 지금과 같은 문화교류는 없었다. 문화를 교류하는 과정에서 사람들은 우수한 문화에 호감을 표현하고, 이를 능숙하게 받아들이고 있다. 어떠한 음식문화라도 다원화되고 융화되는 추세이다. 장기적으로는 이런 상호작용이 더 많아질 것으로 보인다." 조영광 교수님의 이야기를 듣고 있자니, 한 가지 의문이 든다. 그렇다면 지금 우리가 한국의 전통음식이라고 믿고 있는 음식들이 먼 미래에는 해체되고 사라지게 될까? 조영광 교수님은 빙그레 웃으며, 그런 뜻이 아니라고 한 가지 말을 덧붙였다. "중국에는 이런 말이 있다. 우리가 제일 좋아하는 맛은 어머니의 맛이다. 어머니의 맛의 의미는 바로 전통이다. 한국 사람들은 쌀을 좋아한다. 이태리 사람들은 면을 좋아한다. 어느 날 한국 사람들이 쌀을 먹지 않고 파스타를 먹는다던가, 이태리 사람들이 파스타를 버리고 쌀만 먹게 될 거라고는 상상할 수 없다.

이런 일은 불가능하다. 왜냐하면 습관 때문이다. 우리가 어렸을 때 먹은 음식, 처음 먹어봤던 음식은 평생 잊지 못하기 때문이다. 그렇기 때문에 어머니의 맛이 곧 전통이고, 어머니의 손맛을 통해 전통은 또 이어져가는 것이다." 조영광 교수님의 말인 즉, 음식이라는 것은 시대와 환경에 따라 새로운 맛과 융화되고 변화하기도 하지만, 그렇다고 전통이 완전히 사라질 수는 없다는 뜻인 것 같다. 서울 곳곳에 다국적 음식점이 들어서고, 퓨전음식이라는 새로운 장르도 등장했다. 하지만 그 음식들이 엄마가 차려준 밥상을 대체할 수 없는 것과 같은 이치이다. 새롭게 탄생되는 음식과 전통을 이어온 음식이 공존하며 발전해가는 것. 그것이 곧 음식문화이다.

# 소통과 화합의 만찬

# 제 一 장

## 첫 번째 만찬, 한식의 불모지 피렌체에 가다

추석 연휴를 며칠 앞두고, 나는 이탈리아 피렌체로 떠났다. 두 달 전쯤 구찌(Gucci) 측으로부터 이탈리아 최초의 한식 만찬을 제안받았기 때문이다.

구찌와 인연을 맺은 것은 1년 전쯤, 구찌코리아가 후원해온 한국 내셔널트러스트(Nationaltrust, 자연과 문화유산 보존 활동을 하는 단체)의 '나의 사랑 문화유산 캠페인' 홍보대사를 맡아달라는 요청이 오면서부터다.

한국의 문화유산에 대해 관심을 갖게 된 것은 〈대장금〉 때부터지만, 솔직히 말하면 홍보대사라는 직책을 받아들이기로 결심하게 된 이유는 이제 두 아이의 엄마가 됐기 때문이다. 아이가 생기면 세상을 보는 눈이 달라진다고 했던가? 나 역시 엄마가 되면서 아이들에게 물려줄 문화와 전통에 대한 일종의 책임감이 생긴 것 같다. 한창 다큐멘터리에 빠져 한식에 열중해있을 즈음, 구찌 측에서 내게 문화유산 보존 캠페인의 일환으로 이태리에서의 한식만찬을 제안해왔을 때, 이건 필연이다 싶었다. 그래서 두말없이 만찬 제의를 받아들였다.

그런데 막상 피렌체로 떠날 날이 가까워져 오자 불안하기만 했다. 이탈리아 사람들 앞에 나서기엔, 아직 한식에 대한 내 지식이 미천하다는 생각이 들었기 때문이다. 그런데 하루는 왜 그리 쏜살같이 지나가는지, 어느새 나는 피렌체행 비행기에 몸을 싣고 있었다.

영국의 소설가 에드워드 모건 포스터(Edward Morgan Forster)는 그의 소설 〈전망 좋은 방 A Room with a View〉에서 피렌체를 이렇게 묘사했다. "피렌체에서 깨어나는 일, 햇살이 비쳐 드는 객실에서 눈을 뜨는 일은 유쾌했다." 그 천재 소설가의 말에 백번 공감하게 된다. 창을 열면 아침햇살을 받아 은빛 물결이 이는 아르노(Arno) 강가가 눈에 들어오고, 그 강 위로는 단테와 베아트리체의 운명을 바꿔놓은 베키오 다리(Ponte Vecchio)가 보인다. 저 멀리 아득하게 울려오는 종소리, 종소리를 따라 고개를 돌리면 에쿠니 가오리(えくにかおり)의 소설 〈냉정과 열정 사이〉에서 두 연인의 약속 장소였던 두오모(Duomo, 피렌체

의 상징과도 같은 성당. 정식 명칭은 산타 마리아 델 피오레) 대성당이 눈에 들어온다. 피렌체를 두고 하늘이 열린 박물관이라고 했다던 누군가의 말처럼 도시 전체가 유적지이고 예술품이다. 사연이 깃든 골목 사이로 피렌체를 거닐다 보면 중세의 어느 지점에서 길을 잃어버린 듯한 착각마저 불러일으킨다.

피렌체는 처음이 아니다. 15년 전 사하라 사막에서 영화 〈인샬라〉(1997) 촬영을 마친 후, 친구와 단둘이 이탈리아로 배낭여행을 왔었다. 그때나 지금이나 피렌체는 거의 달라진 것이 없다. 하긴 수백 년을 한결같은 모습으로 살아온 피렌체에서 15년이란 세월은 큰 의미가 없을 것이다. 그러나 15년 전과 지금의 나는 처지가 달라졌다. 그때는 배낭을 멘 여행자로 이곳에 왔지만, 이번에는 한국음식과 문화를 알리는 전도사로 이곳에 왔기 때문이다.

피렌체에는 한국 식당이 단 한 곳도 없다고 한다. 호텔 직원에게 물어보니, 중국 음식점이나 일본 음식점은 있지만 한국 음식점은 들어본 적이 없다는 것이다. 이곳에 사는 교민 이야기로는 일본 음식점에서 야끼니꾸를 파는데, 야끼니꾸에 상추쌈과 쌈장을 곁들여 낸다는 것이다. 그것이 피렌체에서 맛볼 수 있는 유일한 한국음식이란다.

그 말을 듣고 나니 걱정이 배가 된다. 피렌체 사람들에게 한국 음식이란, 나에게 있어 탄자니아나 도미니카공화국의 음식만큼이나 낯설게 느껴질 수 있다는 것을 뜻하고 있으니 말이다. 게다가 피렌체는 이탈리아 예술의 수도라고 불리는 도시다. 음식도 예술의 한 분야로 여겨지는 유럽에서, 피렌체 사람들의 까다로운 입맛을 만족시킬 수 있을지 두렵기만 했다.

그런데 나보다 닷새나 먼저 이곳 피렌체에 도착해 만찬을 준비하고 있는 친구

15년 전과 지금의 나는 처지가 달라졌다. 이번에는 한국음식과 문화를 알리는 전도사로 이곳에 왔다.

들이 있다. 우송대학교 전통조리학과 교수님과 학생들이다. 학생들 중 가장 실력 있는 친구들만을 뽑아 지난 두 달 동안 이 만찬을 준비했다고 한다. 다섯 명의 학생들을 이끌고 있는 수장은 김혜영 교수님과 박진희 교수님이다. 두 분은 외국인들을 대상으로 한 만찬을 수없이 치러낸 경험이 있는 베테랑들이시다. 그럼에도 불구하고 메뉴 선정에만 한 달 넘게 공을 들였고 메뉴가 결정된 이후에도 조리법을 달리해 수차례의 시연을 거쳤을 만큼 특별히 신경을 썼다고 한다. 이 만찬을 통해 한식에 대한 첫인상이 결정되리라는 부담감 때문이란다. 젊은 셰프들과 교수님을 위해 내가 해줄 수 있는 일은 아무것도 없었다. 격려의 말로는 뭔가 부족하다는 생각이 들었다. 한국을 떠나오기 전 이 친구들을 위해 뭘 해줄까 고민하던 중 낯선 피렌체에서 며칠을 지내다보면 한국음식이 그리울지도 모른다는 생각이 들었다. 하지만 전통조리를 공부하는 전문가들 아닌가? 자칫하면 뻔데기 앞에서 주름잡는 꼴이 될지도 모른다. 어떤 음식을 해야 할지 고민 끝에 선택한 메뉴, 떡볶이다. 떡볶이는 눈감고도 만들 만큼 자신이 있었다. 게다가 아직 어린 친구들이니 떡볶이를 좋아할 것도 같았다.

친구들에게 떡볶이를 만들어주고 싶다고 했더니 다들 화들짝 놀라며, '대장금의 떡볶이'가 기대된다는 반응이다. 갑자기 부담감이 밀려든다. 일단 숙소의 주방을 빌려 떡볶이에 넣을 멸치 육수를 우려내기 시작했다. 그런데 주방이 낯설어서인지, 아니면 전문가들 앞이라 긴장한 탓인지 스텝이 꼬이기 시작했다. 매실액은 집에 두고 왔고, 떡은 미리 넣어 지나치게 풀어지고, 라면사리를 넣을 타이밍을 놓치고…, 그렇게 좌충우돌 끝에 드디어 떡볶이가 완성됐다.

떡볶이를 내놓고 나니 조심스럽게 친구들의 반응을 살피게 된다. 다행히 순식

간에 떡볶이 한 그릇이 비워졌다. 비록 떡볶이에 불과하지만 젊은 셰프들을 응원하는 나의 진심이 조금은 전해졌으면 하는 바람이었다.

만찬에서 선보일 음식은 여섯 개 코스로 구성된 총 스물다섯 가지 음식이다. 맛을 보기도 전에 눈이 먼저 취할 만큼 섬세하고도 아름다운 자태다. 맛 또한 기가 막힌다. 우리 고유의 맛을 유지하면서 시각적인 효과를 극대화한 것이다. 아마도 피렌체 사람들의 예술적 감성을 배려한 것이 아닌가 싶다.

학생들의 도움을 받아 직접 육포 다식을 만들어 봤는데, 다식 하나에도 손이 보통 많이 가는 게 아니었다. 말린 육포와 잣을 곱게 갈아 다식 틀에 잣가루와 육포가루를 순차적으로 넣고, 이를 힘주어 눌러줘야 겨우 한 개의 육포다식이 완성된다. 잣가루와 육포가루의 비율이 조금만 달라져도 모양이 흐트러진다고 한다. 육포다식은 물론 밑반찬으로 나오는 김치 하나, 장아찌 하나까지 직접 담근 것들이라고 하니 한국에서부터 단단히 준비를 해온 것 같다.

만찬을 준비하는 과정을 일일이 지켜보지는 못했지만 마디마디마다 굳은살이 박힌 학생들의 손에서 그간의 노고를 헤아릴 수 있을 것 같다. 교수님과 친구들의 열정이 담긴 음식들을 보니 만찬에 대한 나의 걱정이 기우였다는 생각이 든다. 교수님과 학생들의 노력이 헛되지 않도록 호스트로써 최선을 다하는 것, 그것이 나에게 주어진 소임이라는 사실을 새삼 되새기게 된다.

## 피렌체 만찬 코스 음식

| | 만찬 코스 |
|---|---|
| 식전건강먹거리 | 육포 다식, 인삼 무스<br>각종 말린 칩(고구마칩, 연근칩, 대추칩) |
| 죽 | 서리태 죽, 양배추 깻잎 김치 |
| Cold 전채 | 대하잣즙무침, 수삼 편육, 냉채뿌리 범벅 |
| Hot 전채 | 닭마늘 꼬치산적, 월과채, 녹두전 |
| 메인 & 식사 | 갈비찜, 연잎밥, 배추김치, 모듬장아찌(더덕고추장장아찌, 매실간<br>장장아찌, 산초장아찌), 정과(도라지, 당근, 연근) |
| 후식 | 강정, 곶감쌈, 오미자화채 |

# 천 년 도시 피렌체,
# 이천 년을 이어 온 한식과 만나다

　드디어 만찬 당일이다. 만찬 장소는 시뇨리아 광장(Piazza della Signoria)에 있는 구찌 뮤제오(Gucci Museo, 구찌 박물관). 일찌감치 준비를 마치고 박물관에 도착했다. 만찬 전에 이것저것 준비할 것들이 많았는데, 마침 박물관 측에서 내게 2층에 있는 수석 디자이너실을 내줬다. 여러 개의 아치형 창을 통해 시뇨리아 광장이 한 눈에 내려다보였다. 박물관과 마주서 있는 베키오 궁전(Palazzo Vecchio), 그와 어깨를 나란히 하고 있는 우피치 미술관(Galleria degli Uffizi)도 보인다. 미술관을 에워싸고 있는 수십여 개의 거대한 조각상들에서 16세기 유럽 문화예술의 중심지였던 피렌체의 위상이 고스란히 전해져 온다. 르네상스 시대의 심장부에서 2000년을 이어온 한식의 씨를 뿌린다 생각하니 갑자기 맥박이 뛰고 심장이 뜨거워진다.

　시뇨리아 광장에 내리쬐던 강렬한 햇볕이 조금씩 약해져갈 무렵, 만찬에 초대된 손님들이 하나둘 박물관에 도착하기 시작했다. 이곳 토스카나(Toscana) 지역을 대표하는 문화예술계 인사들이다. 토스카나에서 가장 큰 예술재단인 팔라조 스트라치(Palagio Strazzi)의 이사장에서부터 피렌체 문화재 정책 담당관, 영화 관계자, 그리고 세계적인 명성을 지닌 와이너리(Winery, 포도주를 만드는 양조장)의 대표까지. 피렌체를 움직이는 이들이 모두 한자리에 모인 것이다. 마지막으로 구찌의 CEO인 디 마르코 씨까지 모두가 만찬장에 도착했다. 이제 내가 그들을 맞을 차례다.

　사실 나는 이런 자리를 즐기지 않는다. 20년 동안 수없이 많은 영화제와 시상식에 참석했지만 아직도 무대는 내게 낯선 장소다.

사람이 많은 곳에 가면 손발이 저릴 만큼 긴장하는 성격 때문이다. 하물며 호스트가 되어 낯선 장소에서 일면식도 없는 손님들을 맞는다고 생각하니 발끝에서부터 서서히 저려오기 시작한다. 이내 온몸 전체가 뻣뻣해지는 것만 같다. 그 순간 나와 함께 이 자리에 와있는 젊은 세프들과 교수님을 떠올렸다. 내가 정신을 차리지 않으면 그들의 지난 노력이 모두 수포가 된다! 그렇게 마음을 다잡으며 리셉션 장으로 내려갔다. 나만 아는 사실이지만, 어찌나 긴장했던지 리셉션 장으로 들어가는 순간 발을 헛딛고 넘어질 뻔했다. 다행히 얼른 중심을 잡았기에 망정이지, 거기서 하이힐을 신은 채로 넘어졌더라면? 지금 다시 생각해도 아찔하기만 하다.

만찬을 시작하기에 앞서 나는 한국인에게 밥이 주는 특별한 의미에 대해 이야기했다. "한국인은 슬플 때도, 기쁠 때도, 그리고 누군가와 화해를 시도할 때도 밥을 나눠 먹습니다. 한국인에게 밥은 서로의 마음을 교류하고 정을 나누는 일입니다. 저는 오늘의 만찬을 통해 여러분과 마음을 나누고 더불어 한국의 문화를 함께 나누고 싶습니다. 또한 오늘 만찬을 통해 한국과 이탈리아 서로를 이해하고 더 가까워지는 계기가 되기를 바랍니다."

인사말을 마치고 자리에 앉자 우송대학교 학생들과 교수님들이 오랜 시간 공들여 준비한 음식들이 차려졌다. 마치 수험생이 되어 면접관 앞에 서있는 기분이다. 만찬에 초대된 손님 대부분이 한식을 처음 접한다고 들었던 터라 낯선 음식에 대한 그들의 반응이 어떨지 신경이 곤두섰다. 먼저 어느 남자분이 조심스럽게 한 입 먹어보더니 고개를 갸우뚱거린다. '별로인가? 입에 맞지 않나? 어쩌지?' 별의별 생각이 다 떠오른다. 그러더니 메뉴판을 들어 재료를 확인하는 것이다. 그리고 뭔가 의아하고 궁금하다는 표정으로 옆 사람과 한참을 이야기한다. 이탈리아어를 알아들을 수 없어 더욱 조바심이 나려던 순간, 옆자리에 앉아있던 디 마르코 씨가 내게 맛있다는 표정을 지어 보인다. 그제야 조금 안심이 되기 시작했다. 첫 코스를 맛볼 때까지만 해도 '이건 뭐지? 독특한데?'라고 말하는 표정이었는데, 만찬이 계속 진행되자 그들의 표정도 '괜찮군. 맛있는데?'로 변해가는 것이 느껴졌다. 때를 놓칠세라 나는 한국음식에 담긴 의미들을 차분히 풀어놓기 시작했다.

한국음식은 다섯 가지 색의 재료를 주로 사용하는데 이것이 곧 오방색(五方色, 청, 적, 황, 백, 흑의 다섯 가지 색)이며, 이 다섯 가지 색에는 우주만물의 질서와 조화의 의미가 담겨 있다는 사실도 일러주었다. 〈대장금〉 때의 기억을 더듬어가며 이 다섯 가지 색에 해당하는 인간의 장기가 무엇인지를 설명했고, 또 음식을 통해 몸을 치유해온 우리 조상들의 '식약동원(食藥同原, 먹는 것과 약의 근원은 같다)'의 철학도 풀어놓았다.

그렇게 화기애애한 분위기 속에서 이탈리아 최초의 한식 만찬은 막을 내렸다. 만찬이 끝난 후 피렌체 폴로 미술관장인 크리스티나 아치딜리 씨는 모든 요리가 훌륭했다며, 특히 한국의 고기 양념과 장아찌를 극찬하며 음식명을 일일이 물어오기도 했다. 또한 스트로찌나 현대예술센터에서 전시 디렉터로 일하는 리카르도 라미 씨는 갈비찜과 와인의 조합이 환상이었다면서, 독특한 풍미의 한식을 맛볼 수 있는 기회를 줘서 고맙다는 말을 전해왔다. 피렌체 한식 만찬을 기획한 구찌의 CEO 디 마르코 씨는 "음식은 문화의 한 부분이자 예술의 일부라고 생각합니다. 그런 면에서 오늘 한식과 구찌 뮤제오의 만남은 특별한 의미가 있다고 생각합니다. 오늘은 비록 이 자리에 모인 몇몇 사람들만이 한식을 맛봤지만 앞으로 더 많은 이탈리아 사람들이 한국을 알게 되고, 또 한식을 즐길 수 있게 되길 바랍니다."라는 덕담을 건네 내 어깨를 으쓱하게 했다.

이렇게 나에게 주어진 첫 번째 만찬 과제를 무사히 치러냈다. 하지만 내가 한 역할은 미미했다. 그저 호스트의 역할만 했을 뿐 피렌체 만찬의 진짜 주역은 내가 아니라 오늘 만찬을 준비한 젊은 셰프들과 교수님들이다. 만찬이 치러지는

동안 주방 안에서 전쟁 같은 두 시간을 보냈을 젊은 셰프들은 만찬이 끝난 후 쏟아진 박수 세례가 아직도 믿기지 않은 모양이다. "막상 만찬을 끝내고 나니 더잘할 수 있었는데, 자꾸 아쉬운 생각이 든다"는 황선진 학생의 눈가에 어느새 눈물이 맺혀 있는 것이 보였다. 두 시간이라는 짧은 만찬을 위해 두 달 동안 쉬지않고 달려왔을 친구들에게 "정말 잘해주었다. 그리고 이제 시작일 뿐이다"라는말과 어깨를 다독이며 위로를 건넸다.

그렇다. 이제 시작이다. 오늘 우리는 한식의 불모지에 겨우 한 톨의 씨앗을 뿌린 것이다. 앞으로 이 씨앗이 잘 자랄 수 있도록 가꾸고 키워나가는 것은 이 젊은 셰프들의 몫이다. 혹시 내가 도움이 된다면, 그래서 나를 필요로 한다면 앞으로도 언제든지 돕고 싶다. 그리고 언젠가 피렌체를 다시 찾게 되는 날, 한국 음식점에서 우리 음식을 즐기는 피렌체 사람들을 마주하고 싶다.

# 한국 음식의 기본이 되는 오방색

오방색을 한국의 전통 색채라고 이야기하는 것은 한국인의 삶 곳곳에 오방색이 스며들어 있기 때문이다. 돌이나 명절 때 아이에게 입히는 색동저고리에도, 궁중이나 사찰의 단청에도, 반가 여인들이 지어낸 조각보에도 오방색은 어김없이 등장한다. 음식도 마찬가지다. 오방색의 식재료를 한데 사용하기도 했지만, 오렇지 못할 때는 완성된 음식 위에 오방색의 고명을 얹어서 내기도 했다. 한국인의 의식주에 모두 오방색이 들어가는 이유는 오방색이 우주 만물의 질서와 조화를 상징한다고 믿었기 때문이다.

## 한국인이 사용한 오방색 고명

1 청색 : 청고추, 파, 애호박, 쑥갓, 미나리, 쑥, 승검초, 은행

2 적색 : 홍고추, 실고추, 대추, 당은, 오미자

3 황색 : 달걀 노른자 지단, 치자, 콩가루

4 흰색 : 달걀 흰자 지단, 무, 배, 수삼, 마늘, 잣, 밤

5 검은색 : 석이버섯, 목이버섯, 표고버섯, 검은깨, 김

## 오방색에 담긴 의미

1 청색 : 만물을 생성하는 봄의 색 · 귀신을 물리치고 복을 비는 색
계절—봄 · 방위—동 · 오행—목(木) · 오장—간장 · 오관—눈 · 맛—신맛

2 적색 : 창조, 정열, 애정, 적극성을 뜻하는 색
계절—여름 · 방위—남 · 오행—화(火) · 오장—비장 · 오관—혀 · 맛—쓴맛

3 황색 : 우주의 중심을 뜻하는 가장 고귀한 색
계절—四계절 · 방위—중앙 · 오행—토(土) · 오장—심장 · 오관—몸 · 맛—단맛

4 백색 : 결백과 진실, 삶과 순결을 뜻함 · 때문에 예로부터 한국인은 흰색 옷을 즐겨 입었다.
계절—가을 · 방위—서 · 오행—금(金) · 오장—폐장 · 오관—코 · 맛—매운맛

5 흑색 : 인간의 지혜를 관장하는 색
계절—겨울 · 방위—북 · 오행—수(水) · 오장—신장 · 오관—귀 · 맛—짠맛

제 二 장

두 번째 만찬, 짧고도 길었던 기다림

우리 음식에 담겨진 이야기를 찾아 여행을 떠나온 지 6개월, 어느새 두 계절을 보내고 세 번째 계절이 다가오고 있다. 색색으로 치장했던 가로수들이 곱던 옷을 하나하나 벗어던지나 싶더니 어느새 맨 몸을 드러내기 시작했다. 그 무렵 나는 본격적인 만찬 준비에 나섰다. 사실 만찬은 다큐멘터리를 시작할 때부터 계획된 것이었다. 하지만 나는 요리연구가도, 유명 셰프도 아니지 않은가? 단지 〈대장금〉이라는 이미지 하나에 기대 내 이름을 건 만찬을 차린다는 사실이 그다지 내키지는 않았다. 그래도 아는 만큼 보인다는 말처럼, 우리 음식에 대한 지식이 차곡차곡 쌓여가면서 조금씩 자신감이 붙기 시작했다. 그리고 만찬에서 풀어내야 할 이야기가 무엇인지, 조금씩 윤곽이 보이는 것도 같았다. 처음에는 한국의 맛을 보여주는 만찬이라면 당연히 한식의 정수인 궁중음식을 선보여야 한다고 생각했다.

지난여름 한복려 선생님을 찾아가 궁중음식을 배우기 시작한 것도 그런 이유 때문이었다. 그런데 궁중음식부터 반가의 음식까지 모두 섭렵하는 동안, '한국의 맛'보다는 '한국의 맛 속에 담긴 한국인의 정서'를 보여주고 싶다는 쪽으로 생각이 굳어졌다. 제작진과 수차례 회의를 한 끝에 만찬의 주제를 '소통'으로 잡았다. 계층의 구분 없이 음식으로 소통해온 한국인의 이야기를 만찬에 풀어내자는 것이 제작진과 나의 공통된 생각이었다. 주제는 정해졌다! 그 다음은 누구를 초대할 것인가가 문제였다. 사실 지난 6개월 동안 만나는 사람마다 붙잡고 이야기했다. "조선시대 임금이 밥상을 통해 백성과 희노애락(喜怒哀樂)을 나눴다는 사실을 아세요?", "지금 우리가 먹는 빈대떡이 원래는 궁중에서 먹던 병자라는 음식이었대요.", "우리 민족은 본디 음식으로 소통하고 교류해온 민족이었어요." 마치 한식 홍보대사라도 된 양, 침이 마르도록 우리 음식에 관한 이야기를 들려줬다. 내가 이만큼 공부했다는 것을 과시하고 싶어서도 아니고 한식을 홍보해야겠다는 사명감 때문도 아니었다. 단지 음식을 통해 소통해온 우리 조상들의 삶이 자랑스러웠고, 우리 음식에 대한 자부심이 샘솟았기 때문이다. 우리 조상은

D-01

이렇게 근사했다고, 한 명이라도 더 알게 하고 싶었다. 사실 이 이야기를 제일 들려주고 싶은 이들은 지인이나 친구들이 아니다. 한국에 대해 잘 모르는, 한국의 문화를 낯설어하는 외국인들에게 들려주고 싶었다. 음식이라는 가장 보편적이고 편안한 매개체를 통해 한국인은 바로 이런 민족이라고 이야기해주고 싶었던 것이다.

그래서 한국과 외국의 가교역할을 해줄 명사들을 만찬에 초대하기로 마음먹었다. 만찬을 통해 우리 음식 속에 담긴 한국인의 삶을 들려줬을 때, 그 씨앗을 보다 널리 퍼뜨려줄 분들이라 생각했기 때문이다. 만찬에 관한 기사가 뿌려지자, 언론에서는 내게 '한식 전도사 이영애', '문화 외교에 앞장선 이영애'라는 칭호를 붙여주었다. 덕분에 이영애가 혹시 정치하려는 게 아니냐는 네티즌의 오해를 받기도 했다. 하지만 '한식 세계화'라든지 '한식을 통한 문화외교' 같은 거창한 계획을 가지고 다큐멘터리를 시작한 것은 아니다. 단지 아이들에게 우리 밥상에 오르는 음식에 관한 이야기를 들려주고 싶다는, 그리고 아이들이 좀 더 자랐을 때 함께 보며 느낄 수 있는 좋은 다큐멘터리 한 편 정도 만들고 싶다는 사적인 욕심에서 출발했다. 그런데 우리 음식에 대해 알아가면 알아갈수록, 우리 음식에 담긴 선현들의 마음이 깊은 울림을 주며 내 삶을 조금씩 바꿔놓기 시작했다. 20년 배우생활을 해오며 주위를 둘러볼 겨를조차 없었던 내가, 그래서 본의 아니게 신비주의의 대명사처럼 여겨진 내가 이웃을 불러 집들이까지 하지 않았나. 보통 사람들이라면 집들이 한 번 치른 것이 뭐 그리 대단한 변화냐고 할지 모른다. 하지만 나에게는 배우 이영애라는 벽을 허물고 인간 대 인간, 이웃 대 이웃으로 다가갈 수 있었던 계기를 마련해준 자리였다. 그렇게 내 자신을 변화시킨

우리 음식의 이야기를 더 많은 이들에게 들려주고 싶었다. 한국은 물론 전 세계 사람들에게 우리 음식에 담긴 한국인의 따뜻한 정을 전해주고 싶었다.

그렇게 주제와 게스트가 일사천리로 정해졌고, 본격적인 섭외에 들어갔다. 각 국 대사 부부부터 경제, 문화, 예술계, 학계는 물론 국제 NGO까지 최대한 다양 한 분야에 계신 분들을 초대하고 싶었다. 제작진은 물론 나의 인맥도 총동원됐 다. 게다가 나의 진심이 전해질 수 있도록 한 분 한 분께 일일이 초대장을 발송 했다. 하지만 워낙 각 분야에서 내로라하는 분들이시니, 쉽게 초대에 응하지 않 을 것이라 생각했다. 초대장을 보내고 전화를 드린 후에도 끝까지 마음을 놓을 수 없었다. 그런데 초대장을 발송하고 일주일쯤 지났을까? 한 분 한 분 연락이 오기 시작했다. 초대장을 받은 대부분의 사람들이 만찬에 깊은 관심을 표해주셨 다. 예상 밖의 호응이었다. 물론 피치 못할 사정이나 일정상의 이유로 초대에 응 하지 못한 분들도 계셨지만, 몇몇 분은 일정까지 조정해가며 참석을 하겠다는 답을 보내오셨다. 특히 다음날 해외 연주 일정이 잡혀 있는데도 최종 리허설을 끝내자마자 오겠다고 하신 첼리스트 정경화 선생님의 답변은 감동 그 자체였다. 그 분들의 성의에 보답하기 위해서라도 훌륭한 만찬이 되도록 최선을 다하겠다 고 다짐, 또 다짐했다.

음식 하나하나에 '소통'의 의미를 담아내고 싶었고, 테이블 세팅 역시 기존의 만찬과는 달리 한국적인 느낌을 강조하고 싶었다. 그들의 어려운 걸음에 보답하 기 위해서라도 오래도록 기억에 남는 만찬을 차려내고 싶었다. 갈수록 생각은 많아지고 욕심은 커져 가는데 이 모든 것을 혼자 해내기에는 나의 능력이 부족 했다. 결국 도움을 주실 전문가들을 찾아 나섰다.

계층의 구분 없이 음식으로 소통해온 한국인의 이야기를 만찬에서 풀어내고 싶었다.

# 거장들의 콜라보레이션으로 차린 만찬

'이영애의 만찬'을 차리기까지 나는 세 거장의 도움을 받았다. 롯데호텔 총주 방장이신 이병우 조리장님, 도예가 이능호 선생님, 그리고 한복 디자이너 한은희 선생님이 그 분들이다. 이 세 분이 도와주시지 않았더라면 아마 모든 것이 불가능했을지도 모른다. 만찬을 한 달 정도 앞두고, 롯데호텔 한식당 '무궁화'에서 세 분과 첫 만남을 가졌다. 먼저 "20년을 연기만 했는데 이런 거창한 일은 벌인 적이 없어서 걱정이 많다"고 운을 띄웠다. 이병우 조리장님이야 워낙 음식에 대한 지식이 해박하신 조리 명장이시고, 도예가 이능호 선생님은 한국을 대표하는 도예작가이시며, 한은희 선생님께서는 한국복식사로 박사학위를 받을 만큼 역사에 대한 조예가 깊으신 분이다. 번데기 앞에서 주름을 잡는 심정으로 그 분들께 내가 그동안 공부해온 한식의 이야기를 풀어놓았다. 더불어 기존의 한식 만찬과는 다른 한국인의 정서와 철학이 담긴 만찬을 준비해보고 싶다는 욕심을 비쳤다. 그러기 위해서는 세 분의 도움이 꼭 필요하다는 말로 그 분들을 한 자리에 모신 이유를 밝혔다. 막상 말을 꺼내놓고 나니 문득 아차 싶은 생각이 들었다. 세 분이야말로 자신의 분야에서는 늘 주연만 하시던 분들인데, 그 분들께 나를 도와 협업을 해달라고 부탁하는 것 자체가 무례한 것은 아닌지 걱정이 됐다. 그런데 이병우 조리장님께서 "셀 수 없이 많은 만찬을 차려봤지만 이런 콜라보레이션은 처음"이라며, 과연 어떤 만찬이 될지 기대가 된다고 사기를 북돋아 주셨다. 만찬까지 남은 시간은 한 달 남짓이었다. 그럼에도 불구하고 세 거장들은 만사를 제쳐두고 이영애의 만찬에 힘을 보태주셨고 만찬 당일까지 곁을 지켜주셨다. 다큐멘터리에서는 제한된 방송 시간 때문에 그 분들의 활약상을 제대로 보여줄 수 없어 아쉽고 죄송하기만 했다. 이 자리를 빌어서 그 분들과의 인연은 물론 어떤 과정을 거쳐 만찬을 준비했는지 소개해 볼까 한다.

# 한복 디자이너 한은희가 그려낸 테이블 세팅

한복 디자이너 한은희 선생님은 나의 오랜 지인이다. 선생님과의 인연은 15년 전으로 거슬러 올라간다. 1999년 봄, 한일 공동 월드컵 개최를 앞두고 한국과 일본 사이의 묵은 감정을 풀자는 의미로 한일 공동 패션쇼가 열렸다. 패션쇼의 주제는 '푸는 옷, 여미는 옷'이었다. 한복은 푸는 옷, 기모노는 여미는 옷이라는 의미도 담겨 있지만 그보다 더 깊은 뜻은 이렇다. '한국과 일본 사이의 한을 풀고 관계를 여미자'는 것이다. 이 패션쇼에는 일본의 기모노 디자이너와 한국의 한복 디자이너가 함께 참여했는데, 당시 한은희 선생님은 한복 디자이너로, 나는 한복 모델로 무대에 서면서 선생님과의 인연이 시작됐다. 선생님이 지으신 한복을 보고 있노라면 고향집에 온 것처럼 왠지 마음이 푸근해진다. 후일 그 이유가 색에 있다는 사실을 알게 됐다. 가장 한국적인 색을 표현하기 위해서 들과 산에서 얻은 재료로 색을 내는 천연염색을 고수해 오셨다고 한다. 포도나 머루, 석류, 고추씨 같은 열매를 이용하기도 하지만 쑥, 양파 껍질과 속, 그리고 선인 장이나 소목(蘇木, 콩과에 속하는 상록교목으로 뿌리와 목재가 모두 염색의 재료가 된다) 같은 식물을 활용하기도 하고, 오배자(五倍子, 옻나무 잎에 오배자 벌레들이 지어놓은 집, 약재 또는 염료의 재료로 쓰인다) 같은 동물성 재료를 이용해 염색을 하신단다. 그래서인지 선생님이 지은 한복에서는 한국의 자연이 느껴진다. 1999년 한복 패션쇼로 인연을 맺은 후 나는 크고 작은 행사가 있을 때마다 선생님께 한복을 부탁드렸다. 2001년, 영화 〈공동경비구역 JSA〉(2000)로

천연염색을 하는 선생님이 지은 한복을 보고 있노라면 고향집에 온 것처럼 마음이 푸근해진다.

베를린국제영화제에 참석했을 때도, 2006년 심사위원의 자격으로 베를린영화제를 다시 찾았을 때도 선생님의 한복을 입고 레드카펫을 밟았다. 그리고 몇 년 전 서경덕 교수님이 진행한 비빔밥 광고에서 선보인 소색(素色, 크림 빛이 도는 백색) 저고리에 먹색 치마 역시 선생님의 작품이다. 그 돈독한 인연을 무기삼아 선생님께 만찬장에서 입을 한복은 물론, 테이블 매트부터 테이블 세팅에 필요한 온갖 소품을 만들어 달라고 무리한 청을 했다. 그렇게 나는 한은희 선생님을 첫 번째 협력자로 포섭하는 데 성공했다.

만찬장에 들어오면 제일 먼저 눈에 들어오는 것이 바로 상차림이니 만찬의 첫인상을 선생님께 부탁드린 것이다. 초대 손님들의 70%가 외국인이어서 좌식 테이블이 아닌 입식 테이블을 마련했지만 적어도 테이블을 처음 보는 순간, 서양식 만찬이 아닌 한국의 만찬이구나를 느낄 수 있도록 해달라고 부탁했다. 말이 쉽지, 서양식 테이블에 한국적인 색과 한국적인 정서를 담아낸다는 것이 어디 말처럼 쉬운 일인가? 하지만 이제껏 그래왔던 것처럼 나는 선생님의 능력을 믿기로 했다.

그렇게 해서 완성된 것이 삼베에 천연염색을 한 테이블 매트와 흰 광목에 들꽃 자수를 놓은 냅킨, 그리고 조각보를 이용해 만든 캔들 장식이다. 일일이 디자인을 해 염색을 하고, 어떤 품목은 손바느질을 하는 수고로움을 거쳐 완성된 것들이다. 그것으로는 부족하다 느끼셨는지 만찬장 입구에 걸어둘 색색의 청사초롱과 의자를 장식할 댕기까지 준비해 오셨다. 만찬 테이블에서 한국적인 미가 물씬 풍겼던 것은 전부 선생님의 노고 덕분이다.

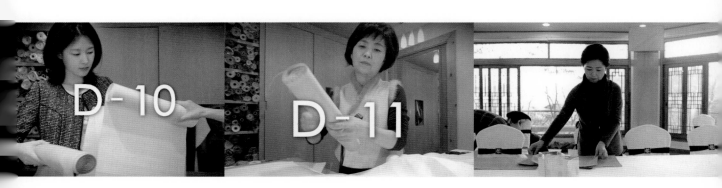

# 이능호 도예가, 조선의 혼을 백자로 빚다

　이능호 선생님의 존재를 알게 된 것은 아주 우연한 기회였다. 10월쯤이었던가? 남편과 바람도 쐬고 데이트도 할 겸 여주로 나들이를 갔는데 마침 '도자 비엔날레'가 열리고 있었다. 평일이어서인지 전시장은 비교적 한산했다. 조명 아래서 은은하게 빛을 발하고 있는 그릇들이 눈에 들어왔다. 한국을 대표하는 일곱 명의 도예가가 '일곱 가지 만찬'이라는 주제로 작품을 전시하고 있었다. 생활자기임을 표방하고 있지만 어찌 저 그릇에 밥을 담고 국을 담을까 싶을 정도로 품격 있는 그릇들, 전시된 작품 하나하나에 작가의 개성이 묻어나왔다. 그런데 그 중에서도 유독 눈길이 가는 작품이 있었다. 이능호 선생님의 '달 밝은 가을밤의 연회'라는 작품이었다. 흑요석(黑曜石)처럼 검게 빛나는 테이블 위에는 흑과 백의 그릇들이 정갈히 놓여있고 벽면에는 조명을 비춰 보름달을 아스라이 띄워놓은 듯했다. 그 자태가 어찌나 운치 있던지, 작품을 보는 순간 가을밤의 연회를 절로 떠올리게 하는 작가의 솜씨에 감탄했지만, 그때까지만 해도 나의 만찬에 이능호 선생님의 작품을 써야겠다는 생각은 언감생심 꿈도 꾸지 않았다.

　얼마 후 본격적인 만찬 준비에 나서면서, 내가 원하는 만찬의 청사진을 머릿속에 그려보았다. 그런데 내 상상력이 제멋대로 이능호 선생님의 그릇들을 불러내어 상을 차리기 시작하는 게 아닌가? 그런 일이 반복되면서 어차피 밑져야 본전인데 이능호 선생님께 부탁이나 한 번 드려보자 싶었다. 그런데 첫 만남에서 10분도 채 되지 않아 흔쾌히 그릇 제작을 허락해주시는 게 아닌가? 이유인즉,

이능호 선생님은 조선시대의 도자기 문화를 현대적으로 재해석하며 그 전통의 맥을 이어가시는 분이다.

D-19　　D-19

본인 역시 조선시대의 도자기 문화를 현대적으로 재해석하며 그 전통의 맥을 이어가는 사람이라며, 그런 면에서 '이영애의 만찬'은 자신의 작품과 공통점이 있다는 것이다. 이능호 선생님은 강원도 양구에서 나는 흙만을 사용하는데, 예로부터 조선시대 왕실에 진상되어 왕실 백자를 빚는데 사용된 것이 강원도 양구의 흙이라는 것이다. 조선시대부터 이어져 온 흙으로 빚은 도자기 위에, 조선시대부터 이어져 온 우리의 음식 철학이 차려지는 것이다!

그런 이유로 흔쾌히 허락을 얻긴 했는데 이번에도 시간이 문제였다. 물잔 하나, 밥그릇 하나도 일일이 수작업으로 빚어내야 하는 작품이다 보니 만찬을 차릴 만큼 그릇의 양이 많지 않았다. 30인분의 그릇을 모두 똑같이 맞춰야 할 뿐 아니라 한국음식이라는 것이 반찬마다 제각각의 그릇이 필요하기 때문에 시간은 더욱 촉박했다. 이능호 선생님께서는 만찬 때까지 필요한 그릇을 모두 제작하려면 한 달 내내 밤샘 작업을 해도 빠듯한 시간이라며, 만찬 전에 무사히 그릇을 완성할 수 있도록 기도나 해달라신다. 만찬에 쓸 그릇을 부탁하고 작업실을 나서는데 죄송한 마음과 걱정스런 마음에 발걸음이 무겁기만 했다.

그런데 만찬 이틀 전, 선생님께서 전화를 걸어오셨다. 자신도 이 짧은 기간에 그 많은 작품을 만들었다는 사실이 믿기지 않는다고 하시며, 드디어 그릇이 완성됐다는 반가운 소식을 전해주셨다. 반쯤 갈라진 목소리에서 그간의 고된 작업 과정이 느껴졌다. 틈틈이 기도를 하긴 했지만, 물론 내 기도 덕은 아닐 게다. 봉고차 두 대에 가득 실린 엄청난 양의 그릇을 한 달 만에 제작할 수 있었던 것은 선생님의 열정 덕분이다. 선생님의 그 열정은 두고두고 잊지 못할 것 같다.

# 요리명장 이병우,
# 한국인의 삶을 음식에 풀어내다

대한민국의 미식가라면 누구나 '이병우'라는 이름 석 자를 들어봤을 것이다. 나 역시 신문이나 언론 매체를 통해 '요리명장 이병우'를 접하기는 했지만, 직접 만난 것은 이번이 처음이다. G20 만찬부터 다보스포럼 만찬까지, 국가 정상급 만찬을 성공적으로 치러낸 베테랑이기에 꼭 한 번 만나 뵙고 만찬에 대한 자문을 구하고 싶었다. 그런데 제작진과의 첫 전화통화에서 만찬을 고사하셨다고 한다. 거기엔 이유가 있었다. "조선왕조 500년 동안 이어져 내려온 한국음식의 철학과 가치를 만찬에 풀어내고 싶다"는 설명을 들으시고, 그건 궁중음식을 연구하는 분이나 조선시대 반가음식을 연구하는 분이 적임자일 것 같다는 생각이셨던 것이다. 하지만 쉽게 포기할 수는 없었다. 결국 직접 찾아가 만찬의 의도를 상세히 설명드렸다. 우리가 만찬에서 차리고자 하는 음식은 조선시대의 음식이 아니라 조선시대부터 지금까지 이어져 오고 있는, 음식에 담긴 한국인의 정서라는 말에 흥미를 보이셨다. 평생 음식을 만들어왔지만 '한국인의 정서를 담은 음식'은 자신도 처음이라며, 도전해보고 싶다는 의사를 밝히셨다. 그렇게 이병우 조리장님이라는 든든한 지원군을 얻게 됐다. 지금 생각해보니 이병우 조리장님에게는 쉽지 않은 선택이셨을 것 같다. 총주방장이라는 위치는 너무 많은 것을 책임져야 하기 때문이다. 주방의 총사령관으로서 음식 메뉴를 정하고 조리하는 것은 물론 그릇부터 셋팅, 서빙까지 모든 것을 책임지는 자리다. 그런데 테이블

장금이는 맛을 그려낸다지만, 이병우 조리장님은 사람의 생각까지 음식에 그려내신다.

D-17

장식은 한은희 선생님께, 그릇은 이능호 선생님께 부탁을 드린 후였고 주방장의 고유 권한인 음식 메뉴조차 나 같은 비전문가와 함께 고민하자고 말씀드렸으니, 아마 다른 만찬을 준비할 때보다 훨씬 더 번거로운 작업이셨을 것이다. 그럼에도 불구하고 선뜻 이 프로젝트에 동참해주셨다. 게다가 내가 아이디어를 낼 때마다 경청해주시고 격려해주셨다. 음식 하나하나에 한국인의 삶을 보여줄 수 있는 이야기를 담고, 그 이야기를 통해 한식의 정신은 소통과 나눔임을 보여주고 싶다는 나의 까다로운 요구에도 싫은 내색없이 적극 수렴해주셨다.

그렇게 몇 번의 논의를 거쳐 완성된 것이 여덟 파트로 구성된 한식 코스다. 만찬에 선보인 음식에 관한 이야기는 따로 하겠지만 음식뿐 아니라 음식을 제공하는 방식도 여느 만찬과는 확연히 달랐다. 대개 외국인을 대상으로 하는 한식 만찬의 경우 손님 한 명 한 명에게 따로 음식이 제공되는 서양식 코스 요리의 형식을 빌리는 경우가 많다. 그러나 이병우 조리장님은 이번 '나눔과 소통'이라는 주제에 걸맞게 네 명이 함께 나눠 먹을 수 있는 음식들을 코스 중간중간에 배치하면서도, 동시에 밥과 국에 반찬을 곁들여 먹는 한국인의 기본 밥상을 함께 구성해 주셨다.

만찬을 하루 앞두고 최종 점검을 위해 롯데호텔에서 세 분 선생님과 만났다. 그 자리에서 이병우 조리장님은 만찬에 낼 음식들을 미리 보여주셨다. 음식 하나하나가 입에 넣기 아까울 정도로 정교하고 아름다웠다. 게다가 마치 내 머릿속을 스캔하기라도 한 듯 만찬에서 표현하고픈 나의 의도가 음식 속에 잘 스며들어 있었다. 장금이는 맛을 그려낸다지만, 이병우 조리장님은 사람의 생각까지 음식에 그려내는 재주가 있으니, 장금이보다 고수임에 틀림없다.

D-09    D-08    D-06

제 三 장  오대산에서 찾은 두 가지 보물

# 자연의 기다림이 선사한 첫 번째 보물

　중요한 일을 앞두고 꼭 찾아가는 곳이 있다. 오대산이다. 오대산을 유독 좋아하는 이유는 산세가 부드러워서다. 가운데 있는 비로봉을 중심으로 다섯 개의 봉우리가 원을 그리고 있어 오대산이라고 불리게 되었다고 한다. 그리고 하늘에서 보면 그 다섯 개의 봉우리가 마치 연꽃과 닮았다 하여 '연심 같은 산세'라고도 한다. 그래서인지 오대산을 찾으면 왠지 마음이 평온해진다. 〈대장금〉의 배역이 결정되기 전, 불자인 엄마와 함께 오대산 월정사를 찾았다. 자연과 더불어 서서히 시간이 흘러가는 산 속에서 몸도 머리도 쉴 겸, 또 스님께 좋은 말씀도 들을 겸, 그렇게 월정사에 짐을 풀었다. 그런데 이틀 만에 다시 짐을 꾸려 서울로 올라왔다. 〈대장금〉 캐스팅이 결정됐기 때문이다. 그 이후에도 중요한 일이 있으면 당일치기라도 월정사에 들렀다 오고는 했다.

　만찬을 앞두고 오대산행을 결정한 것도 그 때문이다. 월정사에 가기 위해서는 전나무 숲길을 지나야 한다. 하늘을 향해 고르게 뻗은 전나무들이 마치 호위 병사처럼 늠름하게 늘어서 있다. 간간이 꽃잎처럼 떨어지는 전나무 잎을 맞으며 전나무 향에 취해 천천히 걷다보니 어느새 월정사다. 10년 전 인연을 맺은 혜행스님께 인사를 드리고 대웅전에 들었다. 부처님께 만찬을 무사히 마칠 수 있기를 기원하는 삼배를 올린 후 불경을 외시는 어머니 곁을 지키다보니, 점심때가 훌쩍 넘어버렸다. 혜행스님께서는 우리 가족의 뱃속을 꿰뚫어 보셨는지 공양간으로 안내하신다. 오랜만에 받아보는 사찰밥상이다. 사찰밥상 위에는 오대산의 자연이 그대로 차려져 있다. 가을의 끝물이니 아마 제철에 따서 말리거나 염장해둔 귀한 나물들인 것 같다. 처음 보는 나물들을 신기하게 바라보고 있자니 절 밥을 담당하신다는 동현스님께서 말씀하셨다. "이것은 '삐뚝바리'라는 건데, 울릉도에서는 '눈개승마'라고 부르는 나물이구요. 이것은 '얼러지'라고 오대산에서 자생하는 식물이에요. 그리고 요것은 '엄나물', 그 옆에 것은 '지장가리'고, 이것은 곰취랑 당귀로 담근 장아찌에요." 세세하게 알려주신 신기한 나물들 중에서 먼저 삐뚝바리라는 특이한 이름의 나물 맛을 봤다. 고소한 향이 일품이다. 곰취나 당귀도 씹자마자 금세 입 안 가득 향이 차오른다. 다른 곳에서 먹던 것보다 진한 향이 나는 이유를 물었더니 오대산에서 자란 것들이기 때문이란다. 월정사가 산중에 있다 보니 밥상에 오르는 가장 흔한 재료가 오대산에서 나는 나물인 것이다.

그러고 보니 지금 내 앞에 있는 이 밥상은 바로 시간이 차려낸 밥상인 것이다. 기다려야 얻을 수 있는 밥상, 그것이 사찰밥상이다. 자연의 순리에 따라 철철이 자라나는 나물을 캐는 것도 기다림이고, 나물에 들어가는 양념 또한 기다림을 통해 완성된 것들이다. 게다가 유독 손이 많이 가는 것이 사찰음식 아니던가? 공양주 보살을 두고 '절간의 살아있는 부처'라고 이르는 것도 그 기다림의 미학을 터득한 사람이기 때문일 것이다. 만드는 사람의 깨달음이 음식에도 담겨진 것일까? 도시에서는 맛볼 수 없는 건강하고 순수한 맛이 느껴진다. 한 숟가락 한 젓가락 절밥이 입으로 들어갈 때마다 몸과 마음의 묵은 때가 씻겨 내리는 것만 같다.

월정사를 나와 정선 5일장으로 향했다. 같은 5일장이라 해도 우리 동네 양수장과는 또 다르다. 이름도 생소한 각종 산나물과 산나물로 만든 장아찌들이 천지다. 한소쿠리 나물을 따기 위해 산을 오르고, 수십 번 허리를 굽히고, 이를 손질해 말렸을 할머니의 주름진 손에서 정성과 수고가 느껴진다.

본디 오대산은 산나물로 유명한 산이다. 겨울 내 언 땅을 뚫고 생명이 싹트는

자연의 순리에 따라 기다려야 얻을 수 있는 밥상. 그것이 바로 사찰밥상이다.

계절 봄이 되면 산나물이 지천에서 돋아나기 시작한다. 4월이 되면 홋잎(화살나무의 새싹)과 질뚝바리가 봄의 시작을 알리고, 이어서 어누리, 얼레지가 자라난다. 조금 있으면 곰취와 미역취가 흐드러지고 다래순, 산마늘, 참취, 엄나무순이 바통을 이어받는 곳이 오대산이다.

산자락에 기대어 살아가는 사람들에게는 비옥한 땅에서 얻는 곡식 대신 산에서 얻는 산나물이 있다. 이 지역 사람들은 봄여름에는 산에서 갓 캐낸 산나물을, 가을겨울에는 여름 내내 말려둔 산나물을 밥상에 올린다. 산나물은 어쩌면 저 아래 기름진 땅에 사는 이들을 부러워하지 말라고 오대산이 산촌 사람들에게 주는 선물인지도 모른다. 산과 바람, 그리고 햇볕이 오랜 시간을 두고 키워낸 산나물. 향만으로도 자연의 기운이 흠뻑 느껴진다. 그래서 제철 산나물을 보약이라고 하는가 보다.

문득 이곳의 산나물을 만찬에 올리고 싶다는 생각이 들었다. 어떤 형태의 음식이 될지는 알 수 없으나 서울로 돌아가면 이병우 조리장님께 아이디어를 구해볼 요량으로 산나물 몇 꾸러미를 챙겨왔다.

# 두 번째 보물, 비빔밥의 재구성

　만찬을 준비하면서 소통과 나눔의 정신을 가장 잘 표현할 수 있는 음식은 비빔밥이라는 생각이 들었다. 평소 나와 친분이 있는 한 교수님에게 만찬 메뉴로 비빔밥을 꼭 넣고 싶다고 했더니, 언제 강원도에 가면 꼭 들려보라며 독특한 비빔밥을 만드는 곳을 추천해주셨다. 바로 '정강원(靜江園)'이라는 한국 전통음식 체험관이다. 주차장에 차를 세우고 걷다보니 내 키보다 한참이나 낮은 돌담이 눈에 들어온다. 담 너머로 수백여 개가 족히 넘어 보이는 항아리들이 나란히 줄을 선 채 일광욕을 즐기고 있다. 도시에서는 볼 수 없는 장관이다. 한참 동안 장독대에서 눈을 떼지 못하고 있는데 정강원 뜰 안쪽에서 누군가가 이영애 씨 아니냐며 아는 척을 해온다. 정강원의 김길자 대표님이다. 서울대학교 장태수 교수님의 소개를 받고 찾아왔다고 했더니 더 이상 묻지도 않고 나를 큰 홀로 안내하신다. 홀 안에 들어서니 싱가포르 관광객들이 나를 알아보고 반색을 한다.

　정강원에는 비빔밥이나 김치, 고추장, 인절미, 두부 같은 한국의 전통음식을 직접 만들어 볼 수 있는 체험 프로그램이 있다고 한다. 싱가포르 관광객들이 기다리고 있는 것은 비빔밥 만들기 체험. 한식에 대한 관심이 높아지면서 직접 한식을 만들어 보고자 정강원을 찾는 외국인 관광객들이 늘고 있단다. 관광객들 앞에 마이크를 들고 선 김길자 대표님 앞에 열일곱 개나 되는 큼직한 사발이 줄지어 있다. 그리고 그 안에는 각각의 나물이 담겨져 있다. 모두 정강원 주변 텃밭에서 키워낸 채소로 만든 나물이란다. 나물에 대한 설명이 끝나자 밑것에 실려 걸리버의 밥그릇이라 해도 믿을 만큼 커다란 함지박이 홀 안으로 들어왔다. 사발에 담겨있던 나물을 몽땅 함지박에 쏟아 넣고 여기에 밥과 참기름, 고추장 양념까지 더하고 나니, 관광객들이 그룹지어 밥을 비비기 시작한다. 어떤 이는 거대한 함지박 앞에서 포즈를 취하고, 또 어떤 사람은 연신 카메라의 셔터를 누른다.

그곳에서 만난 싱가포르 관광객 중 한 분이 "워낙 비빔밥을 좋아하기도 하지만, 이렇게 함께 섞고 비벼서 나눠 먹으니 더 맛있는 것 같다"며 엄지손가락을 치켜세운다. 함께 섞고 비비고 나눠 먹는 맛. 미처 생각지 못했던 한국의 맛이다. 본디 비빔밥이라는 것이 온가족이 커다란 양푼 앞에 둘러앉아 남은 반찬을 모두 쓸어 넣고 쓱쓱 비벼먹어야 제맛이 아닌가. 그 맛을 외국인들에게도 보여주고 싶다는 생각이 들었다. 하지만 한편으로는 만찬자리에 이런 비빔밥 퍼포먼스가 과연 어울릴까 하는 의구심이 들었다. 일단 이 또한 이병우 조리장님과 상의해야겠다는 생각을 하며 서울로 올라왔다.

강원도에서 돌아온 이튿날. 아침상을 물리기가 무섭게 이병우 조리장님께 전화를 걸었다. 그리고 오대산에서 건진 수확을 전했다. 그렇게 해서 탄생한 두 가지 음식이 있다. 하나는 오대산 산나물로 버무린 탕평채요, 또 하나는 네 명이 함께 비빔밥을 비벼 나눠 먹는 비빔밥 퍼포먼스다. 만찬의 마지막에 승능를 내고 싶다는 나의 아이디어 역시 멋지게 소화해주셨다. 보잘것없는 나의 의견을 근사한 만찬 메뉴로 풀어내주신 이병우 조리장님께 다시 한 번 감사드린다.

그렇게 해서 완성된 총 여덟 개 코스의 만찬 메뉴는 다음과 같다.

코스 1 • (전채요리) 팔도진미

두부선, 북어보푸라기, 방떡, 표고전, 고구마, 굴전, 연근, 백년초 말이, 남해어만두, 인삼채

코스 2 • (전채요리) 참문어 오곡죽과 석류 침채

햇오곡에 원기를 돋우는 문어를 넣어 끓인 죽
제철 석류를 넣어 담은 물김치

코스 3 • 오대산 산나물로 버무린 탕평채

곰취, 능이, 곤드레 등 오대산 산나물로 버무린 탕평채

코스 4 • 제주 성게 찜

제주바다에서 채취한 성게에 은행, 다시마를 넣어 찐 성게찜

코스 5 • 쇠고기 수육

쇠고기 양지머리, 사태, 유통, 우설 등 수육

코스 6 • 비빔밥, 고등어, 두부버섯 완자탕, 별미찬

고등어와 두부버섯완자탕, 김치와 나물을 곁들인 소통과 화합의 비빔밥

코스 7 • (후식 1) 먹골배 숙

먹골배의 속을 파낸 후 잣과 대추편을 넣어 떠낸 후식

코스 8 • (후식 2) 가마솥 숭늉차, 율란, 호두 곶감말이

숭늉차와 밤과 꿀로 빚어낸 율란곶감에 호두를 넣어 말아낸 호두 곶감말이

# 제四장

## 만찬에 차린 우리 음식 이야기

앞서 이야기했듯이, 나는 이번 만찬에서 '소통과 나눔을 통해 변화하고 발전해온 우리 음식에 관한 이야기'를 담고 싶었다. 보기에는 별다를 게 없어 보이는 음식들이지만, 음식 하나하나에 우리 민족이 살아온 이야기를 전하고 싶었다. 그리고 손님들에게 음식에 얽힌 이야기를 효과적으로 전달하기 위한 팸플릿도 제작했다. 음식을 대하면서 그 음식 속에 담긴 한국인의 삶과 정서를 느끼게 해주고 싶었기 때문이다. 이런 것들이 최종 메뉴 선정의 기준이 됐다.

# 조선팔도의 어우러짐, 팔도진미

첫 번째 코스요리는 '팔도진미'다. 팔도진미라는 이름에서 알 수 있듯이 전국 팔도에서 올라온 식재료를 조리해 하나의 그릇에 담아놓은 것이다. 강원도 강릉의 두부로 만든 두부선, 경북 문경의 특산물인 표고로 지져낸 표고전, 경기도 여주의 기름진 텃밭에서 키워낸 고구마, 충남 금산의 특산물인 인삼, 경남 통영의 굴로 만든 굴전, 전남 신안의 백년초를 넣어 만든 연근 백년초 말이, 전북 진안의 더덕을 이용한 더덕강정, 제주도의 전통음식 빙떡, 경남 남해에서 전해져 내려오는 전통음식 어만두. 한마디로 이 작은 그릇 안에 대한민국 팔도의 자연과 맛이 모두 들어있는 셈이다. 첫 번째 코스로 팔도진미를 선보인 이유는 또 있다. 조선시대 왕의 밥상은 전국에서 진상된 특산물로 차려졌다. 임금과 백성이 같은 것을 먹는다는 의미도 있지만, 수라상은 백성들의 민생을 살피는 거울이었기 때문이다. 팔도진미는 밥상을 통해 백성과 소통하고, 백성을 살피고자 했던 임금의 마음을 표현한 음식이다.

# 참문어 오곡죽과 석류 침채

이능호 선생님이 제작한 은행 모양의 함에 참문어 오곡죽을 담고, 그 곁에 석류 침채, 즉 석류 김치를 곁들었다. 물김치에 석류를 넣은 석류 침채는 늦가을에 먹는 제철음식이기도 하지만, 여자 손님들을 배려한 건강식이기도 하다. 두 번째 코스의 메인 음식은 참문어 오곡죽이다. 두 번째 음식으로 죽을 선보인 데는 이유가 있다. 예로부터 "무릇 좋은 며느리는 서른 가지의 나물요리를 할 수 있어야 하고, 스무 가지 죽을 끓일 수 있어야 한다"는 말이 있다. 죽은 예로부터 왕실부터 하층민에 이르기까지 다양한 계층의 사랑을 받아온 음식이다. 궁중에서는 초조반(初朝飯)이라 하여 아침식사 전에 죽을 먼저 올렸고, 일반 가정에서도 자릿조반이라 하여 노인들에게 죽을 끓여드리는 풍습이 있었다. 또한, 상을 당한 이웃이나 친척에게 밥보다 먹기 쉬운 죽을 쑤어 보내는 풍속도 있었다고 한다. 계층에 따라 계절에 따라 죽의 용도도 다양했다. 〈임원경제지 林園經濟志〉(조선 후기 실학자 서유구가 저술한 박물학서)에는 눈 녹인 물에 매화의 꽃잎 삶아, 그 물에 쌀을 넣고 끓이는 매죽(梅粥)이 등장하는데, 매죽은 맛보다는 매화의 고고한 향취를 즐기고자 했던 풍류음식이었다. 또한 가난한 서민들이 끓여 먹던 나물죽은 식량이 부족한 보릿고개를 넘기기 위한 구황식(救荒食)이었고, 더운 날 동네의 개울가에 솥을 걸고 냇가에서 물고기를 잡아 즉석에서 끓여 먹는 어죽은 서민들의 보양식이었다. 그리고 조선의 21대의 왕이었던 영조는 날씨가 추워지자 선전관(宣傳官, 조선시대 무관의 직책)으로 하여금 걸인들을 모아 선혜청(宣惠廳)에서 죽을 먹이게 했다는 기록이 남아있다. 직위고하를 막론하고 마음을 나눴던 음식이 바로 죽이다. 다섯 가지 햇곡식과 문어로 끓인 참문어 오곡죽에는 그런 한국인의 정서가 담겨있다.

# 오대산 산나물로 버무려낸 화합의 음식, 탕평채

굵게 채 썬 녹두묵에 볶은 쇠고기와 당근, 그리고 데친 미나리를 넣고 간장, 식초, 참기름으로 버무린 후 달걀지단, 김가루, 석이버섯 등으로 고명을 얹은 음식이 '탕평채(蕩平菜)'다. 이 음식을 탕평채라 불리기 시작한 데는 유래가 있다. 조선 선조 때부터 정조 때까지 250년간은 당쟁이 끊이질 않았던 시대다. 동인과 서인, 남인과 북인, 대북과 소북, 노론과 소론 등으로 나뉘어 왕비와 세자의 책봉 문제부터 대비가 상복을 입는 기간에 이르기까지 사사건건 부딪치며 정치적 대결을 일삼던 시기였다. 당파싸움으로 인해 아들인 사도세자를 죽음으로 내몰아야 했던 영조는 당쟁을 바로 잡기 위해 탕평책을 실시하고자 했다. 본디 탕평이란 말은 서경(書經) 홍범조(洪範條)의 '왕도탕탕 왕도평평(王道蕩蕩 王道平平)'에서 나온 말로 왕은 자기와 가깝다고 쓰고 멀다고 쓰지 않으면 안 된다는 인재 등용원칙이다. 그러한 탕평책을 펴는 경륜의 자리에서 음식 한 가지를 내놓았는데 그것이 바로 탕평채라는 음식이었다. 탕평채라는 음식은 흰색, 붉은색, 푸른색, 노란색, 검은색의 재료가 모두 사용되는데 이는 오방색을 뜻하기도 하지만 각각의 당파를 상징하는 색이기도 하다. 검은색의 석이버섯이나 김가루는 북인(北人)을 상징하고 푸른색 미나리는 동인(東人)을, 붉은색 소고기는 남인(南人)을, 그리고 주재료인 청포는 당시 집권세력이었던 서인(西人)을 상징하는 색이다. 영조는 이 음식을 경륜 자리에 내놓으며, 갖은 재료가 한데 어우러져 조화를 이루는 이 음식처럼 당파에 구분 없이 국익을 위해 헌신하자는 뜻을 신하들에게 전달하고자 했다. 이런 일화 때문에 탕평채는 한국인에게는 화합을 상징하는 음식으로 여겨져 왔다. 만찬에서는 당파를 상징하는 재료 대신 몸에 좋은 오대산 산나물을 넣어 녹두묵과 버무렸다.

# 한군데도 버릴 곳 없는 귀하디귀한 음식, 소고기 수육

우리 조상들은 집을 다스리는 신을 성주대감(城主大監)이라고 일컬었다. 대청한구석에는 성주단지 또는 신주단지로 불리는 쌀 항아리를 고이 모셔놓았다. 그만큼 우리 조상들은 쌀을 신성시했다. 건국 초기부터 농본주의 정책을 폈던 조선시대에서 쌀은 곧 정치였다. 농사가 나라의 경제를 지탱하는 기둥이었기에 농사를 짓는 소는 다른 가축과는 다른 대우를 받았다. 국법으로 소를 도축하는 것을 금한 것도 그 때문이다.

귀했던 만큼 단 한 부위도 버릴 수 없었던 소고기. 그래서 우리 조상들은 소골부터 염통, 내장, 꼬리까지 거의 모든 부위를 식재료로 활용하는 지혜를 발휘했다. 이 날 만찬에 선보인 수육도 소의 양지머리와 사태, 유통(乳筩, 가슴부위의고기)과 우설(牛舌, 소의 혀) 등 다양한 부위를 함께 냄으로써, 조선시대 한국인의 삶과 지혜를 음식 속에 풀어내고자 했다.


# 조화와 통합의 상징 , 비빔밥

갖가지 재료를 섞어 비벼 먹는 비빔밥은 가장 조화로운 음식으로 꼽힌다. 우

주를 상징하는 오방색이 어우러져 있기 때문이다. 갖가지 재료가 한 데 섞여 새로운 맛을 내기도 하지만, 동시에 비빔밥에 들어간 재료들의 고유의 맛도 함께 살아있다. 그래서 비빔밥을 두고 조화와 통합을 상징하는 음식이라고들 한다.

그렇다면 한국인은 언제부터 비빔밥을 먹게 됐을까? 정확한 유래는 알 수 없다. 하지만 각 지역마다 비빔밥에 얽힌 재미난 일화들이 있다. 육회를 넣어 비벼 먹는 '진주비빔밥'에는 비장함마저 감도는 일화가 전해져 내려온다. 1592년 임진왜란 당시, 진주성(晉州城)에 고립된 의병과 관군, 그리고 부녀자들이 마지막 전투에 임하면서 성안에 있는 모든 식재료를 넣고 비빈 후 나눠 먹었다. 죽을 각오로 전투에 임하기 위해 목숨처럼 아끼던 소까지 잡아 비빔밥에 넣었던 것이다. 진주성 백성들의 결의가 만들어낸 음식이 진주비빔밥이다.

안동에서는 제사가 끝나면 제사에 올린 모든 음식을 한데 넣어 비빈 후 제사에 참석한 이들과 나눠 먹는 풍습이 있다. 하늘과 조상에게 바치는 귀한 음식을 함께 나눠 먹어야 골고루 복이 돌아간다고 믿었기 때문이다. 이 음식을 '안동 헛제사밥'이라고 부른다. 뿐만 아니라 농번기에 밥상을 차리는 번거로움을 줄이기 위해 갖은 반찬을 넣어 비벼 먹었다는 농민들의 비빔밥 유래설도 있고, 고려 말 원나라가 침입하자 피난길에 오른 임금이 밥 위에 서너 가지 나물을 얹어 먹었다는데서 '궁중비빔밥'이 시작됐다는 설화도 있다. 이렇듯 한국에는 갖가지 비빔밥이 있고, 여기에 얽힌 이야기들도 다양하다. 유래에서 알 수 있듯이 모두가 함께 어우러져 소통하고 화합하며, 한 그릇의 밥을 함께 나누어 온 한국인의 정서를 가장 잘 보여주는 음식이 비빔밥이다. 만찬의 메인 메뉴로 이보다 더 좋은 것은 없었다.

한 그릇의 밥을 함께 나눠 먹는 한국인의 정서를 가장 잘 보여주는 음식이 비빔밥이다.

# 건강을 다스리는 비빔밥

비빔밥의 가장 큰 특징은 지역에서 나는 재료에 따라 개인의 입맛과 취향에 따라 고명을 바꿀 수 있다는 점이다.

최근에는 웰빙(well-being)바람에 힘입어 몸을 치유하는 약초나 채소를 넣은 비빔밥이 개발되고 있다.

8 제주지름밥
· 지름밥'은 비빔밥이라는 뜻의 제주도 방언이다. 밥 위에 나물 볶은 것과 조개 볶은 것을 얹었고 양념장으로는 겨자와 참기름을 넣어 비벼 먹는다.

9 나주 비빔밥
밥 위에 소고기 육회, 돼지비계, 표고버섯, 묵은 김치를 올리고, 고추장 대신 고춧가루와 된장을 섞어서 만든 양념장을 넣어 비벼 먹는다.

10 울릉도 비빔밥
밥 위에 울릉도에서 자생하는 각종 산나물(부지깽이나물, 미역취, 삼나물, 참고비 등)과 소고기를 얹어 비벼 먹는다.

1 몸을 정화시키는 비빔밥 (정화 비빔밥)
고명재료 : 곤드레, 당귀, 연근, 곰취, 산마늘, 콩, 신선초, 표고버섯

2 몸의 독소를 배출하는 비빔밥 (비움 비빔밥)
고명재료 : 질경이, 송엽, 능이버섯, 곤달비, 도라지, 개두릅, 송이버섯, 뽕잎

3 몸에 활력을 주는 비빔밥 (채움 비빔밥)
고명재료 : 은행, 표고버섯, 곤드레, 능이버섯, 송이버섯, 고사리, 곰취

4 혈액순환을 돕는 비빔밥 (순환 비빔밥)
고명재료 : 칡, 송이버섯, 밤, 버섯, 능이버섯, 산양삼, 쑥, 산두릅

5 스트레스 해소를 돕는 비빔밥 (안정 비빔밥)
고명재료 : 개두릅, 무, 얼레지, 뽕잎, 곰취, 산마늘, 송이버섯

자료제공 : 서울대학교 그린바이오 과학기술 연구원

# 전국 팔도의 비빔밥

**1 전주비빔밥**

사골국물을 넣어 밥을 짓다가 뜸이 들 때쯤 어린 콩나물을 넣어 익힌다. 익은 콩나물과 밥을 고루 섞은 후 그 위에 소고기 육회, 달걀 노른자, 청포묵 등 30여 가지의 재료를 얹어 비벼 먹는다. 양념장은 국간장과 고추장, 참기름을 섞어 쓰는 것이 특징이다.

**2 안동 헛제삿밥**

진주, 대구, 안동 등지에서 주로 먹는 비빔밥으로 안동지방의 헛제삿밥이 제일 유명하다. 제사상에 올렸던 전, 나물, 산적, 탕 등의 음식을 한데 섞어서 먹은 것에서 유래했다. 고추장 대신 간장, 깨소금, 참기름으로 간을 하는 것이 특징이다.

**3 해주비빔밥**

밥을 볶아서 비비는 것과 바다와 육지에서 나는 재료가 모두 들어가는 것이 가장 큰 특징이다. 볶은 밥에 해삼, 전복, 조개 같은 해산물과 송이버섯, 미나리, 숙주나물, 고사리를 넣고 여기에 닭고기와 달걀, 김을 얹어 비벼 먹는다. 해주 비빔밥에 빠져서는 안 되는 재료가 있는데 수양산 고사리와 해주의 특산물인 김이다.

**4 진주비빔밥**

양지 삶은 물로 밥을 짓고, 밥 위에 콩나물, 숙주나물, 애호박나물, 근대나물, 박나물 등을 둘러 놓는다. 그 가운데에 육회와 황포묵, 돌김을 얹어 비벼 먹는다. 양념장은 묽은 엿고추장을 사용한다.

**5 통영비빔밥**

경상남도 통영 지방의 비빔밥으로 밥 위에 생미역과 톳나물 무친 것을 올리고, 여기에 부추, 시금치, 콩나물, 애호박, 가지나물 등 열 가지 이상의 나물을 함께 얹어 고추장에 비벼 먹는다.

**6 함경도 닭비빔밥**

밥 위에 각종 나물을 얹고 여기에 삶아서 양념한 닭고기와 닭육수를 조금 넣어 비벼 먹는 음식으로 닭온반이라고도 부른다.

**7 거제멍게젓갈비빔밥**

경상남도 거제도의 향토음식으로 잘게 썬 멍게를 2일에서 5일 정도 숙성시켜 젓갈로 만든 후 깨소금, 참기름, 김가루를 넣고 비벼 먹는다.

제 五 장

비비고 나누고, 하나가 되다

한 달이라는 시간이 숨 가쁘게 지나갔다. 유난히 일찍 찾아온 겨울, 요 며칠 코끝이 시릴 정도의 찬바람이 매섭게 불어오더니 만찬 당일이 되자 햇살이 따뜻하게 내리쬔다. 점심을 먹고 일찌감치 만찬장소인 삼청각(三淸閣)에 도착했다. 다큐멘터리 스태프들은 물론 이병우 조리장님, 이능호 선생님, 한은희 선생님이 벌써 도착해 만찬 준비로 분주하다. 썰렁했던 빈 공간에 테이블이 들어오고, 그 위로 식탁보와 곱게 물들인 매트, 냅킨이 놓여졌고, 나뭇잎 위에 초대 손님의 이름을 새긴 네임택(Nametag)도 자리를 잡았다. 유화정으로 들어가는 길목에는 색색의 청사초롱이 수줍게 하늘거리며 손님 맞을 채비를 하고 있다. 일화정 담 너머로 고즈넉하게 울려 퍼지는 우리의 소리 '아리랑', 드디어 모든 준비가 끝난 것이다.

만찬장에 도착한 첫 번째 손님은 첼리스트 정경화 선생님이다. 내일이면 해외 공연을 위해 출국을 하시는데도 최종 리허설을 마치고 바로 이곳 만찬장으로 달려오셨다고 한다. 감사의 마음을 표했더니 되려 "너무 뜻깊은 일이니까요. 우리 음악으로 한국을 알리는 것도 그렇지만 우리 음식을 통해 한국을 알리는 것도 중요하잖아요. 당연히 와야죠." 하시며 내 손을 꼬옥 잡아주신다. 디자이너 이상봉 선생님도, 사물놀이를 하시는 김덕수 선생님도, 그리고 세계적인 산업 디자이너 김영세 선생님도 같은 마음으로 만찬장을 찾아주셨다. 터키대사관의 슉크루예 바야르 발시우스 부부는 한국에 부임한 지 얼마 되지 않았지만, 한국 문화에 대한 관심이 많다면서 만찬에 참석한 이유를 밝혔고 일본, 스리랑카, 이란, 미얀마의 대사부부는 드라마 〈대장금〉을 기억한다며 우리 음식에 대한 호감을 표시했다. 주한 미국상공회의소 대표인 에이미 잭슨 씨는 가족을 위해 직접 김치찌개를 끓일 만큼 한국음식을 사랑한다고 한다. 아시아재단의 피터백 대표는 유창한 한국말로 한국음식의 이름을 줄줄 꿰서 스태프들을 놀라게 했다. 또한 전 주한 캐나다상공회의소 대표인 시몽 뷔로 씨는 사찰음식에 대한 조예가 깊은, 진정한 한국음식 매니아라고 자신을 소개했다. 고작 서너 마디의 대화를 나눴을 뿐인데도 한국에 대한 그들의 남다른 애착과 관심이 느껴졌다. 오늘 나는 그들에게 조금 낯설지도 모를, 음식에 담긴 한국인의 오래된 이야기를 들려주려고 한다.

구중궁궐 안에서 수라상을 통해 민초들의 삶을 살폈던 조선 임금의 마음을 표현한 팔도진미를 필두로, 계층을 뛰어넘어 한국인의 사랑을 받아온 죽, 소통과 화합의 정신으로 버무려낸 탕평채, 한국인의 지혜가 녹아있는 소고기 수육까지, 각각의 음식이 상에 오를 때마다 그 음식에 담긴 이야기를 풀어냈다. 한국과 오랜 인연을 맺어온 분들이기에 음식 자체는 낯설어하지 않는 듯했다. 하지만 음식 속에 그런 일화와 의미가 담겨있다는 사실은 처음 알게 됐다며 고개를 주억거린다. 옆 자리에 앉아있던 에이미 잭슨은 왕족부터 서민까지 음식을 나눠 먹었다는 게 매우 특이하다면서, 그런 배경을 생각하고 음식을 대하니 한국음식이 달라 보인다며 흥미로워했다. 그렇게 화기애애한 분위기 속에서 만찬이 진행됐고 드디어 오늘 만찬의 하이라이트, 비빔밥 퍼포먼스를 소개할 차례가 왔다. 큰 사발에 담긴 비빔밥이 각각의 테이블에 놓여졌다. 네 명이 함께 비벼, 각자의 그릇에 덜어 먹는 비빔밥 퍼포먼스. 밥을 통해 소통했던 한국인의 마음을 체험해 보도록 한 것이다.

"여기 모인 분들은 국적도 다르고, 문화와 언어도 다르고 또 직업도 다릅니다. 하지만 한 밥상 앞에서 정을 나누고 소통할 수 있다면 우리가 먹는 음식은 음식 이상의 의미가 있다고 생각합니다. 그런 바람으로 작은 퍼포먼스를 준비했습니다. 좀 낯설긴 하시겠지만 함께 비비셔서 나눠 드시기 바랍니다. 음식을 통해 소통해온 한국인의 마음을 느껴보시길 바랍니다."

내 말이 끝나자마자 다들 일어서서 비빔밥을 비비기 시작한다. 한 쪽 테이블에서는 양념을 얼마나 넣을 것인가를 논의 중이고, 저 편 테이블에서는 비빔밥

에 들어간 고명에 대한 토론이 이어진다. 또 어떤 테이블에서는 누가 먼저랄 것도 없이 '비빔밥 드림팀'을 외치며, 세상에 둘도 없는 비빔밥을 만들어낼 기세다. 서로가 머리를 맞대고 함께 만들어가는 비빔밥 덕분에 테이블마다 웃음소리가 끊이질 않는다. 그 어떤 만찬에서도 볼 수 없었던 시끌벅적한 분위기이다.

만찬이 끝난 후 터키의 참사관 슈크루예 씨는 "우리 테이블에는 유명한 음악가와 커뮤니케이션 전문가와 건축가가 있었습니다. 모두가 처음 뵙는 분들이고 공통분모도 없었습니다. 그런데 비빔밥을 비비는 순간 우리가 누구인지, 어디에서 왔는지를 모두 잊고 오로지 비빔밥을 비비는 데만 집중할 수 있었죠. 비빔밥 그릇 안에 모두가 녹아들었습니다. 가족들이 함께 식사할 때나 가능한 그런 분위기였습니다. 이런 만찬은 정말 처음입니다."라고 말하며 비빔밥에 대해 극찬했다. 그리고 오늘의 만찬을 오래도록 기억하고 싶다며 네임택을 집어들었다. 네임택을 볼 때마다 오늘의 만남을 떠올릴 것이란다. 만찬을 위해 뛰어온 지난 한 달간의 피로가 싹 가시는 것 같다.

돌아가시는 길에 한 분 한 분이 내게 건네주신 덕담과 격려는 내가 정말 대단한 일을 해낸 것 같다는 착각마저 불러일으킬 정도다. 하지만 난 내 자신을 잘 안다. 나는 '한식 세계화'라는 무게를 짊어질만한 그릇도 못되고, 그 선봉에 서기엔 부족한 점도 많다. 단지 만찬을 통해 한국인의 따뜻한 마음이 전해졌다면, 그것으로 충분하다고 생각한다. 그리고 그 마음이 좀 더 많은 이들에게 전해지길 바랄 뿐이다.

# 에필로그

　시대는 빠르게 변한다. 더불어 우리의 삶도 많은 것이 달라졌다. 밥상위에 오르는 음식들도 달라졌다. 한식을 기다림의 미학이 담긴 음식이라고 했던 것은 옛말이다. 2분 만에 밥 한 그릇을 만들어내고, 3분만 기다리면 뜨끈한 국과 요리를 먹을 수 있는 간편한 시대에 우리는 살고 있다. 그러나 그렇게 차린 음식으로 배를 채울 순 있지만 마음까지 채울 순 없다.

　맛은 혀끝이 아닌 추억으로 기억한다고 했던가? 나이가 들어서도 어린 시절 어머니의 손맛을 잊지 못하는 것은, 맛에 대한 기억이 아니라 추억에 대한 기억이다. 나 역시 그렇다. 나이가 들수록 엄마의 손맛이 그리워지고, 그 맛을 재현해보고 싶다는 생각이 들곤 한다. 만찬을 끝내고, 문호리 정원에 장독대를 묻고 동치미를 담갔다. 물론 친정엄마의 도움을 받아 완성한 동치미다. 동치미를 담고 나니 겨울준비를 끝낸 것처럼 마음이 든든하다. 올 겨울에는 전화 한 통이면 배달되는 야식 대신 어릴 적 엄마가 만들어준 야식을 만들어 볼까 한다. 얼음이 동동 뜬 동치미 국물에 메밀국수를 말고, 어른 주먹만한 동치미 무를 납작납작하게 썰어 얹은 동치미 국수에도 도전해 볼 생각이다.

　그렇게 맛이라는 것은 엄마에게서 딸로, 또 그 맛을 추억하는 딸이 엄마가 되어 자신의 아들과 딸들에게 전해주면서 이어져 오는 것이다. 대를 이어 전해지는 것이 맛이다. 우리의 밥상에 오르는 한 그릇의 밥에도, 한 그릇 국에도 수많은 이들의 추억과 경험이 담겨있다.

나는 6개월간의 길고 긴 여정을 통해 이 땅에 살아왔던 수많은 이들의 기억들과 마주했다. 아주 오래된 기억도 있었고, 최근에 생겨난 기억도 있다. 그 오랜 기억과 경험이 녹아 탄생한 것이 음식이기에, 음식은 그 땅에 살아온 사람들이 누구인지를 말해주는 문화라는 사실도 깨달았다.

나는 오늘도 두 아이와 가족을 위해 밥상을 차린다. 언젠가 내 아이들도 엄마의 손맛을 추억하고, 내가 들려준 이야기를 떠올릴 것이다. 그렇게 2000년을 이어온 우리의 음식 이야기가 또 다시 수백 년, 수천 년의 맥을 이어갈 것이다.

# 에필로그

—

## 작가 홍주영

'음식'은 방송을 하는 사람들에게 화수분 같은 소재입니다. 요리 프로그램부터 맛집 소개 프로그램, 요리 서바이벌 쇼까지 다양한 음식방송이 있습니다. 여기에 그치는 것도 아닙니다. 예능에서는 먹방이 대세고 심지어 음식을 소재로 한 드라마나 영화도 꽤 됩니다. 다큐멘터리도 예외는 아닙니다. 일주일에 한 번씩 대한민국 방방곡곡의 음식을 훑고 있는 〈한국인의 밥상〉은 물론, 방송 3사의 간판 다큐멘터리 프로그램에서도 일 년에 서너 편 이상의 음식 다큐멘터리가 전파를 탑니다. 덕분에 사람들은 거의 매일 텔레비전에서 음식을 접합니다. 더 나올 것이 있을까 싶은 정도로 많은 음식이야기를 방송에 풀어낸 것 같은데 다음 날이 되면 어김없이 또 나옵니다.

음식은 작가에게 있어 시청률을 담보하는 가장 매력적인 소재임과 동시에 가장 불편하고 까다로운 소재이기도 합니다. 기존의 음식 다큐멘터리와는 내용이나 구성에 있어서 달라야 하기 때문입니다. 그동안 한식에 관한 수많은 다큐들이 제작됐지만, 음식에 담긴 한국인의 철학을 다룬 작품은 없었습니다. 그래서 음식에 담긴 한국인의 생각, 그리고 음식을 통해 보는 한국인의 정체성에 대한 이야기를 하고 싶었습니다. 주제를 정하고 나니 이번에는 구성이 쉽지 않았습니다. 철학이라는 것이 영상으로 담아내기엔 다소 지루하고 밋밋했기 때문이죠. 그 철학적인 이야기를 쉽게 풀어내줄 누군가가 필요했습니다. 그 순간 제일 먼저 떠오른 얼굴이 배우 이영애였습니다. 장금이가 다큐멘터리에서 우리 음식의 오래된 비밀을 찾아 떠난다! 머리속에 영상을 그려보니, 이영애 씨만한 적임자가 없다는 생각이 들었습니다. 그런데 주변의 반응은 미지근했습니다. 꿈 한 번 야무지게 꾸는구나! 뭐 이런 반응이었습니다. 어쨌든 밑져야 본전이라는 생각에 이영애 씨 회사와 접촉을 했고 기획안을 전달했습니다. 그로부터 2주쯤 지났을까요? 이영애 씨가 직접 만나고 싶다는 의사를 전달해왔습니다. 첫 만남에서 왜 이영애 씨가 이 다큐멘터리에 출연해야 하는지, 이영애 씨 외에는 아무도 할 수 없는 다큐멘터리라는 사실을 강조했습니다. 그 후에도 몇 번의 만남이 이어졌습니다. 그때마다 끈질기게 설득하고 논의했습니다. 그 지난한 과정 끝에 결국 출연 허락을 받아냈고 〈이영애의 만찬〉은 지난 봄, 드디어 닻을 올리고 출항을 하게 됐습니다.

다큐멘터리 작업은 드라마와 달리 오랜 기다림의 시간이 필요합니다. 한 장면을 건지기 위해 몇 날 며칠을 기다리기도 하고, 일주일 내내 촬영한 내용을 몽땅 버리기도 하기 때문입니다. 영화와 드라마에만 익숙한 배우가 그런 기다림을 견딜 수 있을지 걱정이 많았습니다. 배우이기 때문에 다큐멘터리에서 보여주는 모습에는 한계가 있을 것이라는 제작진의 생각은 오판이었습니다. 한복려 선생님을 찾아가 궁중음식을 배우기도 했고, 하루 종일 의자에 걸터앉을 새도 없이 음식을 만든 적도 부지기수입니다. 몽골에서는 제작진도 망설였던 유목민의 음식을 덥석덥석 집어 먹는가 하면 새벽까지 이어지는 촬영에도 지칠 줄 모르는 체력을 과시했습니다. 게다가 배우로서는 공개하기 힘든 민낯은 물론 자신의 일상까지 공개해 제작진을 놀라게 했습니다. 또한 만찬을 준비하는 과정에서는 하루가 멀다 하고 전화를 걸어와 아이디어를 내놓고 제작진을 긴장시키기도 했습니다. 우리 음식에 담긴 의미를 찾아가면서 배우 이영애는 배우고 터득하며 변화했습니다. 그리고 6개월간의 여정을 통해 건진 수확물을 만찬에서 풀어냈습니다. 그것이 곧 '소통과 나눔의 정신'입니다. 우리 조상들은 음식을 통해 마음을 표현하고 정을 나눴습니다. 그리고 마음을 연 교류를 통해 풍성한 음식문화를 만들어냈습니다.

오래된 음식이야기를 대하면서 새삼 '한국인에게 음식은, 밥은 어떤 의미인가?'를 되돌아보게 됩니다. 그런 의미에서 1부에서는 '소통'을 중심으로 한 조선시대 음식이야기를 다뤘고, 2부에서는 '교류'에 초점을 맞춰 2000년을 이어온 한국인의 육식문화를 이야기하고자 했습니다. 그러나 우리 음식에 얽힌 소중한 이야기들을 모두 담기에는 120분이라는 방송 시간은 턱없이 부족했고, 방송이 나간 후에도 그 점이 못내 아쉬웠습니다. 밥상을 마주할 때마다 그 밥에 담긴 의미를 한번쯤 생각해보는 계기가 되기를 바라는 마음에서 방송을 통해 다 보여주지 못한 이야기들을 책으로 출간하게 되었습니다.

마지막으로, 다큐멘터리가 제작되기까지 많은 분들의 도움을 받았습니다. 궁중음식연구원의 한복려 원장님, 건국대학교 신병주 교수님, 서울교육대학교 함규진 교수님, 호서대학교 정혜경 교수님, 서울대학교 장태수 교수님을 비롯해 프로그램의 자문을 맡아주신 국내외 여러 석학들과 만찬을 함께 준비해주신 이병우 조리장님, 한은희 선생님, 이능호 작가님께 이 자리를 빌어 깊이 감사드립니다. 그리고 〈이영애의 만찬〉이 완성되기까지 물심양면 지원을 아끼지 않은 SBS 박기홍 CP님, 박두선 CP님, 제작기간 내내 최고의 팀워크를 보여줬던 리얼리티비전의 조한선 대표님, 최규성 피디님, 전영표 피디님, 김한구 피디님, 김동수 피디님, 이혜지 조연출, 옛 문헌에서부터 해외 논문까지 자료를 취합하고 섭외하느라 고생이 많았을 정삼지 작가, 김효선 작가, 그리고 그림 같은 영상을 담아준 안재민 카메라 감독님, 김태곤 카메라 감독님, 사진을 담당해주신 김재송 작가님을 비롯 모든 촬영스태프들에게도 깊은 감사를 드립니다. 무엇보다 긴 촬영기간 내내 '최고의 프로근성'을 보여준 이영애 씨와 함께 작업할 수 있어 작가로서 참으로 행복했습니다.

# 이영애의 만찬

**1판 1쇄 인쇄** 2014년 4월 4일
**1판 1쇄 발행** 2014년 4월 8일

**지은이** 이영애, 홍주영

**발행인** 양원석
**총편집인** 이헌상
**편집장** 김순미
**교정교열** 송순진
**디자인** 디자인숲
**해외저작권** 황지연, 지소연
**제작** 문태일, 김수진
**영업마케팅** 김경만, 정재만, 곽희은, 임충진, 김민수, 장현기, 임우열
　　　　　　우지연, 송기현, 정미진, 윤선미, 이선미, 최경민
**펴낸 곳** ㈜알에이치코리아
**주소** 서울시 금천구 가산디지털2로 53, 20층(가산동, 한라시그마밸리)
**편집문의** 02-6443-8842 **구입문의** 02-6443-8838
**홈페이지** http://rhk.co.kr
**등록** 2004년 1월 15일 제2-3726호

ISBN 978-89-255-5267-5 03380

**RHK** 는 랜덤하우스코리아의 새 이름입니다.